테마로 보는 서양미술

차례
Contents

03인간 ― 절대미의 탐구 29신(神)의 이름으로 : 관념적 리얼리즘

44죽음 ― 메멘토 모리(Memento Mori)   61향락 혹은 그 반대로

76이성에서 감성으로

인간 - 절대미의 탐구

미술과 사실성 : 라스코 동굴 벽화에서 헬레니즘으로

1940년, 약 1만 1천~1만 5천 년 전에 그려진 라스코(Lascaux) 동굴 벽화가 프랑스에서 발견되었을 때, 사람들은 벽화의 웅장하고 장엄한 이미지, 예리한 관찰력에 의해 표현된 확실한 형태감과 힘찬 윤곽, 형태에 원형감과 양감을 부여한 미묘한 음영 효과, 그리고 빨강, 검정, 노랑, 갈색의 실감나는 채색이 가져다주는 그 '사실적' 이미지에 놀라움을 금치 못했다. 이 벽화들은 인간이 행한 최초의 예술 활동이었던 만큼, 서구 예술의 운명이 무엇인지를 우리에게 알려주기에 충분했다. 그리고 우리는 이들 벽화를 통해 서구 예술의 기원을 이야기한다.

라스코 동굴 벽화 「들소」(부분)
기원전 15000~10000년경.

우선 이들 벽화의 기원을 주술 행위에 둘 수 있다. 구석기인들은 동굴 벽면에 짐승 그림을 그려 놓고 그림에 창을 던지면 실제 짐승이 죽는다고 믿었던 것이다. 그리하여 사냥에 앞서 이런 퍼포먼스 즉 주술의 의식 행위를 통해 사냥에 대한 두려움을 없애고 사기충천하여 사냥에 임했던 것이다. 이는 예술의 기원을 주술에 둔 것으로 '주술론'이라 한다. 다른 주장에 의하면, 사냥 후 배불리 먹은 원시인들이 할 일이 없어 빈둥거리다 낮의 사냥 때 벌어진 어떤 짜릿하고 특별한 상황을 떠올리며 행한 낙서가 바로 이 벽화라는 것이다. 이른바 '유희론'이다.

주술론이건 유희론이건 간에 인류 최초의 미술이 보여준 것은 사실적 이미지이다. 주술론의 경우, 그려진 형상이 마술적 효과를 발휘하기 위해서는 원 대상과 조금도 다름이 없어야 한다. 예를 들어, 군대 가는 청년에게 실제 애인 얼굴이 나타난 사진만이 애인과 동일시되어 정신적 위안이 될 수 있는 것처럼, 원시인들도 눈에 보이는 소와 꼭 닮은 소를 그려 놓고 창을 던짐으로써 실제 소를 죽였다고 믿을 수 있었던 것이다. 이것이 사실적 이미지가 부여하는 주술적 힘이며 효과이다.

유희론의 경우 만족할 만큼 배를 불린 뒤의 무료한 시간을 달래기 위해 행한 낙서가 심각한 지적(知的) 행위를 동반할 리가 없다. 즉, 눈으로 보고 경험한 것을 애써 다르게 표현하려 하지 않고 그 대상을 그저 무기력하게 재현하려고 했을 것이다. 이런 유희적 행위에 의한 이미지는 장식 효과를 위한 것에 지나지 않는다.

여하간 이 구석기 시대의 벽화는 미술이 운명적으로 사실, 즉 눈으로 관찰한 형상을 세밀하고 정교하게 재현하는 것을 목표로 삼았다는 것을 말해 준다. 이처럼 생존을 위해, 혹은 장식을 위해 세밀하고 정교한 사실적 이미지를 추구한 인간의 행위는 시간이 흘러 고대 그리스 시대로 들어오면서 나름대로 철학적 의미를 지니게 된다.

고대 그리스 문화를 시기적으로 나눌 때 가장 아름다운 예술 형상을 이룩한 시기는 그 마지막 단계로, 기원전 300년을 중심으로 한 헬레니즘(Hellenism) 시기이다. 흔히 고대 그리스 문화의 정신이라는 말로 사용되는 헬레니즘을 '인간 중심 사상'이라 부르는데, 그 이유는 당시 인간 사고의 주류가 안심입명(安心立命)과 내면의 행복을 추구하는 개인적이고 현세적인 특성을 지니고 있었기 때문이다.

이런 세속적인 욕망의 풍조에서 인간은 세계와 자신의 존재를 이성을 통해 파악했다. 세계는 로고스(Logos)라는 우주 이성(신의 섭리)이 현시한 것으로 곧 대우주이고, 인간은 자신의 내면에 이미 그 신적 이성을 지닌 소우주로, 인간 이성은 본질에 있어 신적인 이성과 같다고 여긴 것이다. 그런 만큼 고대 그리스인들에게 인간 이성은 존재 근거를 파악하는 가장 강력한 힘이었던 것이다. 그래서 소크라테스는 죽어가면서도 올바른 판단을 근거로 한 정의와 선(善)을 이야기 했으며, 플라톤도 감각에 치우치지 않는 극기하고 절제하는 삶을 주장했던 것이다. 바로 인간이 세상의 중심이며 인간의 도덕적 삶이 최고의 목표였던 것이다.

미메시스 : 플라톤의 이데아(Idea)와 아리스토텔레스의 자연

이 시기의 예술 정신을 단적으로 드러낸 말이 "예술은 자연의 모방"이라는 '미메시스(Mimesis)', 즉 '모방론'일 것이다. 플라톤은 우리가 인식하는 감각적 세계의 이면에는 절대 불변의 원리로서 세계의 원형이 존재한다고 보았다. 그 원형은 우리가 감각적으로 인지하는 세계와 형상의 존재 근거 혹은 관념적 실체로 그것의 본질은 완전한 선(善)이다. 플라톤은 이를 지고지순한 세계를 의미하는 이데아(보편적 진리)라 불렀다. 그리고 이 세상 만물을 그 원형인 이데아의 모방으로 보았으며, 예술 역시 이 이데아를 닮아야 한다고 했던 것이다. 그러나 그에게 예술은 관념적 원형을 모방한 감각적 실체, 즉 현실을 다시 모방한 것이었기에, 예술은 거의 가치가 없는 것으로 보았다.

그러나 아리스토텔레스는 플라톤과는 달리 이데아의 세계

뿐 아니라 그 모방으로서의 감각의 세계인 질료(質料)의 세계에도 중요한 비중을 둔다. 따라서 "예술은 자연의 모방"이라고 했을 때, 그 자연은 플라톤의 경우 절대미로서의 이데아를 의미한 반면, 아리스토텔레스의 경우 감각적이며 세속적인 대상을 포함하는 개념이었다. 그러나 중요한 것은 감각적이며 세속적인 인간의 욕망과 연관된 자연이라는 아리스토텔레스의 개념이 만물의 원리로서의 본질이라는 형이상학적 의미까지도 포함하는 개념이라는 것이다. 즉, 아리스토텔레스에게 있어 자연은 눈에 보이는 삼라만상이며 동시에 이들 만물이 존재하는 본질적 근거, 다시 말해 사계절의 운행과 같은 우주의 순환과 모든 생물이 겪는 생성소멸의 의미를 포함하는 개념인 것이다.

그리스의 미적 이상 : 「밀로의 비너스」

이런 미메시스라는 고대 그리스 예술의 이상이 잘 표현된 작품이 바로 「밀로의 비너스」이다. 이 작품은 아름답고 완벽한 균형을 가진 몸매로 인해 미(美)의 전형으로 알려져 있다. 이 작품을 미의 전형으로 언급하는 데는 몇 가지 이유가 있다.

첫째는 몸의 뼈대와 근육을 표현한 완벽한 해부학의 도입이다. 둘째는 몸의 무게 중심을 한쪽 다리에 둠으로써 나타나는 S자 곡선이다. 이 곡선이 인간의 신체를 가장 아름답게 표현한다는 '콘트라포스토(Contrapposto)'이다. 셋째는 팔등신(八

「밀로의 비너스」, 기원전
130∼120년경, 대리석, 높이
202cm, 파리 루브르 박물관.

等身)의 신체구조이다. 팔등신은 키가 머리 길이의 8배를 이루는 몸을 말하는 것으로 이른바 황금 비율이라 부른다. 이 비례법은 특히 여체를 가장 아름답게 나타내는 신체 비율로 알려져 있다. 이른바 사실적이고 생생한 묘사를 목적으로 한 기법들이다.

이런 기법들은 원형이라는 실제 대상을 사실적으로 표현할 뿐만 아니라, 이를 보다 아름답고 숭고하게 표현하기 위해 인간이 고안한 표현 기법들로 오랜 세월 동안 서구 예술에 있어 거역할 수 없는 법칙이며 규범이 되어 왔다. 그리고 이런 기법에 의해 지고한 아름다움을 드러낸 작품을 예술의 모범이며 규범이 된다하여 '고전(古典)'이라고 부른다.

우선 「밀로의 비너스」의 얼굴을 보면, 수려하고 뚜렷한 이목구비가 눈에 띈다. 또한 목주름과 약간의 지방질을 지닌 것으로 보이는 복근 등 세부 모습들이 세밀한 관찰과 해부학에 의거한 것임을 나타내고 있다. 비너스의 커다란 눈은 맑고 순수한 마음의 상태를, 오똑한 콧날의 코는 자기 자신에 대한 확신을, 작고 굳게 다문 입은 단호함을, 갸름한 얼굴은 미적 이

「밀로의 비너스」
(부분).

상을, 단정한 머릿결은 흐트러짐 없는 성격을 보여준다. 가슴의 모습 또한 모자라지도 넘치지도 않는 적절한 볼륨과 크기를 지니고 있음에, 이런 모습은 실제 인간세계에서는 거의 불가능한 형상이다. 이른바 가장 이상적인 아름다움을 나타내는 전형으로서의 이데아의 모방이 아닌가?

이런 상체에 비해 허리 아래의 하체는 좀 다른 구조를 보이고 있다. 허리는 요즘 아름다운 여인의 상징인 개미허리와는 달리 상대적으로 굵고 두툼하다. 천으로 가려졌지만 크고 굵은 엉덩이와 허벅지를 감지할 수 있다. 상체가 지고한 이상미를 보인다면, 하체는 육감적 욕망과 연관된 세속적인 아름다움을 보여주고 있는 것이다.

완벽한 해부학과 콘트라포스토, 황금분할법으로 표현된 상체의 모습이 플라톤의 이데아에 입각한 아름다움을 표현하고 있다면, 하체는 아리스토텔레스의 질료적 미를 드러내고 있는 것이다. 그 질료적 미란 현실의 자연인 동시에 아이를 생산하는 능력이라는 본질로서의 자연을 말한다. 생명의 잉태와 생산은 가냘픈 모습을 통해서가 아니라 건강한 모습에 의해 가능한 것이다. 특히 비너스의 아랫배를 보면 도독하게 부푼 것이 잉태의 숭고한 능력을 드러낸 것이다. 이런 하체의 속성은 상체에 비해 현실적이며 세속적인 의미를 지닌다.

이런 비너스의 모습은 고대 그리스인들의 미적 이상을 보여준다. 그들에게 최고미로서의 예술적 아름다움이란 이데아적 현실성이라고 할 수 있는 사실성에 입각한 지고한 아름다움이다. 고대 그리스인들은 그 지고한 육체의 아름다움을 간직하기 위해 육상을 생활화하고, 하루 일정량의 노동을 의무화했던 것이다.

그러면 이런 지고한 아름다움의 목적은 무엇인가? 말할 것도 없이 그 아름다움은 단순한 눈의 즐거움을 위한 것이 아니라, 건전한 정신을 갖기 위한 수단인 것이다. 이른바 "건강한 육체에 건전한 정신이 깃든다"는 인간 삶의 기본적 원칙을 드러낸 것으로, 달리 말해 정신과 육체의 하나 됨, 내용과 형식의 일치를 의미하는 것이다. 형식이란 미(美)이며, 미가 담고 있는 내용은 선(善)이다. 그리스인들은 바로 최고미라는 아름다운 형식을 통해 선이라는 도덕관념을 부여하고자 했던 것이다. 따라서 미가 선의 관념을 목적으로 하여 그 완전한 아름다움을 드러내는 것이 진실(眞)이었던 것이다. 이는 그리스인들의 이상이 진선미(眞善美)의 일치라는 관념을 통해 꽃피우고 있었음을 나타내는 것이다. 이로써 고대 그리스의 예술을 통해 나타난 사실적 이미지는 결국 진선미라는 형식과 내용의 일치였던 것으로 볼 수 있다.

이런 미적 이상을 가능하게 한 것이 비례법과 해부학 등의 인위적 기법으로, 이들은 인간의 이성에 의해 만들어진 것들이다. 즉, 이런 이성의 산물로서의 기법들은 최상의 아름다움을 추구하기 위한 것이며, 그 최상의 아름다움이란 인간 사회에서 인간으로서 살아가는 규범과 도덕을 추구하는 이상을 보여주는 것이다. 이처럼 인간의 이성에 입각한 고대 그리스인들의 정신과 문화는 다분히 인간 중심적이며, 그 인간적 이성이란 결국 인간 삶에서 옳고 그름을 판단할 수 있는 합리적 사고와 다른 것이 아니다. 이런 관점에서 고대 그리스 예술의 사실성은 결국 인간 스스로의 판단력을 드러내기 위한 수단이었던 것이다. 이런 합리적 사고의 인간 이성은 16세기 르네상스를 거쳐 서구 문화와 예술의 저변을 이루게 된다.

르네상스(Renaissance) : 인간의 재발견

절대미라는 시각적 완성미를 추구한 그리스의 미적 이상이 비교적 근대에 이르러 다시 나타나게 되는데 이 시기가 바로 르네상스이다. 프랑스어로 '재탄생', '부활'을 뜻하는 르네상스는 중세와 근세 사이(14～16세기)에 서유럽 문명사에 나타난 역사 시기와 그 시대에 일어난 문화 운동으로, 그 본질은 사상·문학·미술·건축 등 다방면에 걸쳐 고대 그리스와 로마 문화의 이상을 부흥시킴으로써 새 문화를 창출하는 것이었다. 새 문화의 창출이란 5세기 로마 제국의 몰락과 함께 시작된 중세를 인간성이 말살된 시대로 파악하고 고대의 부흥을 통하여 이 '야만시대'[1]를 극복하는 인간 중심적 문화를 의미한다. 바로 고대 그리스의 인본주의 사상이 시대를 달리하면서 다시 출현한 것이다.

인본 사상이란 세계의 중심에 인간이 있다는 사상으로, 이 세상을 바라보고 해석하며 그 운행의 본질과 원리를 밝히는 것은 인간과 인간의 이성 활동이라 본 것이다. 이성 활동은 옳고 그름의 이치 판단과 선악의 판단이라는 합리성과 명증성을 그 근간으로 한다. 이런 인간과 이성의 시대에 회화적으로 원근법과 명암법이 완성된 것은 결코 우연이 아니다.

원근법과 명암법은 캔버스라는 평면에 우리가 체험하는 일상의 공간과 사물의 입체적 형상을 표현하기 위해 고안된 기법들이다. 이들 기법들은 관찰한 공간의 깊이와 사물의 전후 관계를 합리적으로 묘사하기 위한 것으로, 역시 인간 중심적인 사고, 즉 이성의 산물인 것이다. 바로 자연의 재현이라는 시각적 리얼리즘, 그 미메시스 미론(美論)이 이성적 사고의 결과임을 드러낸 것이다. 이런 이성에 의한 창작 행위는 고대 그리스의 이상인 절대미, 다시 말해 팔등신이라는 황금분할법과 콘트라포스토, 엄정한 해부학 등을 토대로 가장 아름다운 인간의 모습을 형상화하는 것을 목표로 한다.

이처럼 르네상스 시대에 예술가들의 주된 관심사는 인간과 인간사이며, 그 원형을 고대 그리스의 신화에서 찾는다. 올림포스의 신들이 보여주는 연애와 사랑, 시기와 질투, 도전과 모험, 의리와 명분, 애정과 분노 등의 행각과 감정은 바로 인간의 그것이기 때문이다.

또한 성서의 내용 역시 르네상스 시대의 주된 테마인데, 하느님의 말씀에 주안점을 두어 사실적 이미지에 큰 관심을 기울이지 않았던 중세와는 달리 르네상스 시대의 예술가들은 예수나 성모를 위시한 여러 성인들의 모습에 다분히 인간적 이미지를 도입하는 특성을 보인다. 아름다운 세속의 모습이나 일상생활에서 보이는 인간적 태도와 표정, 성격 등이 성화에 그대로 나타나는 것이다. 이는 성서를 인간적으로 해석하여 표현한 것으로 중세의 이미지와는 많은 차이를 보이게 된다.

보티첼리의 「비너스의 탄생」

르네상스 여명기의 작품으로 알려진 산드로 보티첼리(Sandro Botticelli, 1445~1510)의 「비너스의 탄생」은 여신 비너스가 바다에서 탄생하는 이야기를 소재로 한 것이다.

이 작품 속의 여인은 막 태어나 커다란 조가비를 타고 서풍의 신 제피로스 부부가 이끄는 바람에 실려 자신의 섬인 키프

산드로 보티첼리, 「비너스의 탄생」,
1485년경, 캔버스 위에 템페라, 172.5×278.5cm, 피렌체 우피치 미술관.

로스에 첫발을 내딛고 있다. 그 옆에는 영원한 사랑을 의미하는 도금양 목걸이를 건 과실나무의 요정 호라이가 그녀의 알몸을 감싸기 위해 시간을 상징하는 데이지 무늬의 옷을 펼쳐 들고 있다.

이 작품의 비너스는 벌거벗은 나체로 유연한 콘트라포스토의 곡선과 팔등신의 신체 비례를 통해 그 몸매의 아름다움을 한껏 뽐내고 있다. 특히 그녀의 이상적인 몸매는 그녀 우측의 제피로스의 품에 안긴 꽃의 요정 클로리스의 요염하고 관능적인 아름다움과 그녀 좌측의 망토를 펼치는 호라이의 순결한 처녀성의 아름다움을 동시에 아우르는 종합적 미의 양상을 보이고 있다. 그 관능과 순결이라는 미의 속성은 모두 인간의 세속성과 연관된 것으로, 보티첼리는 나체의 비너스를 통해 이런 인간의 이상적 아름다움을 보여주고 있는 것이다.

바로 이 시대에 행해진 성서의 인간적 해석이 미술에 있어서 같은 방식으로 나타나는데, 이 역시 세계의 중심에 인간이 있음을 드러낸 것이다. 예를 들어 라파엘로(Sanzio Raffaello, 1483~1520)의 「아름다운 정원사 성모 마리아」를 보자.

라파엘로의 「아름다운 정원사 성모 마리아」

라파엘로는 역대 화가 중 성모 마리아의 모습을 가장 아름답고 이상적으로 표현한 사람으로 정평이 나있다. 이 그림의 마리아 역시 그 아름다운 자태와 자식을 향한 자애롭고 지극

라파엘로, 「아름다운 정원사 성모 마리아」,
1507년, 목판에 유화, 122×80cm,
파리 루브르 박물관.

한 애정의 눈길이 한 개인으로서가 아닌 우리 마음속에 존재하는 영원한 어머니의 모습, 즉 이상적인 모성의 실체로 다가온다.

그녀가 가꾸는 정원의 모든 식물은 잡초에 이르기까지 쓰러진 이파리 하나 없이 생생하고 건강하다. 하느님의 은총을 입은 존재들임을 단박에 알 수 있다. 그 하느님의 섭리는 멀리 동네에 서 있는 교회의 모습을 통해 시사되고 있다. 어머니 마리아의 보호아래 아기 예수가 어머니와 눈을 맞추고 그 옆에는 세례 요한이 이런 어미와 자식 간의 다정한 모습을 응시하고 있다.

그런데 예수의 모습이 벌거벗은 아기의 모습이며, 땅에 두 발을 딛고 있다. 이는 예수를 감히 범접할 수 없는 성인으로서가 아니라 한 인간으로 본 것이다. 그러나 신의 시대에는 아기 예수가 항상 성모 마리아에 의해 받들어지고, 어른의 해부학이 적용된 아이의 모습으로 그려지는 것이 일반적이었다. 이른바 예수에 성인으로서의 위상을 부가하기 위함이었던 것이다. 그러나 인간 중심이라는 문화적 혁명기에는 예수조차 한

15

인간의 모습으로 묘사되었던 것이다.

성모는 전통적인 아이콘을 통해 표현되었다. 열렬한 신앙심과 하느님에 대한 강한 사랑을 나타내는 붉은 원피스, 세속에서의 가난하고 청빈한 삶의 모습을 의미하는 검푸른 망토, 그리고 기도를 생활화하는 마리아의 상징인 기도서 등을 통해 표현된 것이다. 그러나 잘 손질한 머리가 세속적 아름다움을 추구하는 여인의 마음을 대변하는 듯하며, 웬일인지 모르게 한쪽이 내려가면서 드러난 강한 붉은색이 세속에서의 인간적 욕망을 드러내는 것 같다. 이른바 마리아는 성인으로서의 자태와 위상을 지니고 있지만, 그런 선입견을 버리고 보면 마리아 역시 한 인간이며 인간으로서의 세속의 욕망을 지닌 여인으로 비추어진 것이다.

특히 이 그림 속 인물들이 보이는 삼각형 구도가 작품의 안정감을 더하고 있다. 또한 마리아와 예수, 요한의 시선이 이루는 삼각형과 각각의 머리가 보이는 3개의 원, 그리고 그 세 개의 머리를 통해 그려지는 하나의 커다란 원 등의 암시적 구도가 그 안정감을 한층 강화시키고 있는 것이다. 더욱이 그림은 전체적으로 윗부분의 원과 아랫부분의 사각형이 결합된 구도인데, 윗부분의 원은 영원성의 상징으로 하느님의 세계이며, 아래의 사각형은 지상의 세계로 유한한 인간 세계를 암시하고 있는 것이다. 인간의 세상은 원죄 이후 하느님으로부터 버림을 받았으나, 예수가 십자가에 못 박힘으로써 구원의 대상이 되지 않았는가? 바로 예수에 의해 그 두 세계가 하나 됨을 이런 기하학적 구도를 통해 간접적으로 나타낸 것이다. 이런 구도와 기하학은 하느님의 섭리와 은총을 인간 이성, 즉 인간적 사고를 통해 나타내고 있음을 시사하는 것이다.

이처럼 세계를 파악하고 해석하는 중심에 인간을 둔 사고는 그림에서 사람의 실제 모습을 재현하는 초상화라는 장르를 활성화시켰음은 당연한 일일 것이다. 이런 구조 속에서 르네상스의 대표적인 작품을 좀 더 살펴보자.

얀 반 에이크의 「아르놀피니의 결혼식」

르네상스 여명기의 네덜란드 화가인 얀 반 에이크(Jan van Eyck, 1395~1441)의 이 작품은 두 인간의 초상화이다. 얀 반 에이크는 기존의 불확실한 유화 기법을 집대성한 사람으로 이

새로운 기법을 통해 세밀하고 정교한 표현을 가능하게 한 화가로 알려져 있다.

이 그림의 인물은 모두 이탈리아인으로 남자가 지오반니 아르놀피니이며, 여자는 지오반나 체나미이다. 지오반니는 당시 벨기에 궁정에서 막강한 실력을 행사하던 사람이며, 지오반나는 이탈리아에서 은행업으로 성공하여 벨

얀 반 에이크, 「아르놀피니의 결혼식」,
1434년. 목판에 유화.
81.8×59.7cm. 런던 내셔널 갤러리.

기에에 진출한 집안의 딸로 지오반니의 아내가 되는 사람이다. 이들이 이탈리아인이자 막강한 부를 지니고 있었음은 그림 왼쪽 창틀의 오렌지로 나타나있다. 오렌지는 지중해의 과일로 당시 벨기에의 값비싼 수입물이었던 것이다.

이들 머리 위에는 샹들리에가 있고, 샹들리에의 촛대 가운데 단 하나의 초에 불이 켜져 있다. 이 불은 하느님의 눈으로 이들이 올리는 결혼식을 주관하시는 분이 바로 하느님이라는 의미이다. 바로 가톨릭에서 말하는 혼인 성사인 것이다. 그리고 그 아래 벽면에 걸린 크리스털 묵주는 신부들에게 순결과 신앙을 바라는 신랑들의 결혼 선물이며, 그 반대편의 옷솔은 가정 살림의 상징으로 신부들의 미덕을 표현한다. 또한 신방의 침대는 재산의 상속과 자식의 잉태라는 의미를 지닌다. 그리고 이들 발치의 강아지는 배우자에 대한 성실하고 순결한 태도를 암시한다. 또한 창틀 앞 탁자 위의 오렌지는 일명 아담의 사과로 인간 원죄를 뜻하는데, 이 원죄가 혼인 성사를 통해 사함을 받는다는 것을 말한다.

이런 일련의 기독교적인 당시의 풍습을 보면 이 결혼식이 비밀 결혼식임을 알 수 있다. 즉, 당시에는 결혼식과 피로연의 번잡함을 피해 상류 계층에서는 은밀한 결혼식을 즐겼는데, 이 결혼식이 성사되기 위해서는 두 명의 증인만 있으면 되었다. 바로 그 두 명의 증인이 거울 속에 묘사된 파란색 옷의 화가와 빨간색 옷의 조수이다. 그리고 화가는 그림 벽면 중앙에 "얀 반 에이크가 지금 여기에 있었노라(Johannes de eyck fuit hic)"라고 서명을 하고 있는 것이다.

이런 테마의 이 작품은 전대미문의 사실성을 보이고 있다. 특히 결코 믿음이 가지 않는 아르놀피니와 매우 조신하고 정숙한 체나미라는 인물의 성격조차도 적나라하게 드러낸 초상화로서의 모습이 뚜렷하다.

또한 비록 불완전하지만 공간의 원근법과 더불어 명암법을 통해 묘사된 인물과 사물들의 양감이 사실적 이미지를 보강하고 있다. 이들이 입고 있는 옷과 옷깃의 모피 모양과 보송보송한 털 강아지의 모습, 그리고 창문과 천정의 샹들리에에서 볼 수 있는 정밀한 붓 터치는 인간이 눈으로 관찰한 것을 정확하게 표현했다는 것을 입증하는 것으로, 인간 이성의 우위를 드러내는 동시에 관념의 시대인 중세의 종말을 예고하고 있는 것이다. 더욱이 그림 속의 배경을 너무도 확연하게 드러내고 있는 그림 중앙의 거울은 인간의 눈이 얼마나 정교하며, 이를 표현하는 이성이 얼마나 합리적인가를 보여주는 것 같다.

미켈란젤로의 「다윗상」

미켈란젤로(Michelangelo Buonarroti, 1475~1564)의 「다윗상」은 1501년에 피렌체 대성당의 지도자들이 의뢰한 것으로, 26세의 미켈란젤로가 3년 만에 완성한 것이다. 그는 피렌체파 대리석 조각가인 두치오(Duccio, 1418~1498)가 결이 좋지 않다는 이유로 대성당 작업장에 버린 6미터에 가까운 거대한 대

미켈란젤로, 「다윗상」,
1501~1504년,
대리석, 높이 5.49m, 피렌체
갤러리아 델 아카데미아.

리석을 사용하여 이 작품을 완성했
으니 미켈란젤로의 천부적 재능을
짐작하고도 남는다. 이 작품의 주인
공인 다윗은 구약성서 사무엘 상 17
장에 나오는 소년 영웅으로, 적군의
거인 장수 골리앗을 돌팔매로 쓰러
뜨린 인물이다.

이 작품은 골리앗의 잘린 머리를
발밑에 두고 손에 칼을 쥔 승리한
젊은이의 모습²⁾이 아닌 막 돌을 던
지려고 하는 순간의 나체의 청년상
으로 묘사되었다. 전체적인 포즈는
고정되어 움직이지 않으며 얼굴은
노기충천하고 시선은 예리하고 날
카롭다.

두 다리의 포즈는 전형적인 콘트라포스토이다. 오른손과 발
은 지면에 수직으로 고정되어 있지만, 왼손은 돌팔매를 잡기
위해 들려있고 살짝 들린 왼발은 다음 행동에 대비하는 움직
임을 나타내고 있다. 이런 하체에 비해 상체는 매우 경직되고
긴장된 모습이다. 목덜미 근육이 뻣뻣하게 서있고, 돌을 던질
오른팔과 손은 잔뜩 힘이 들어 핏줄과 근육이 곤두서 있다. 그
팔의 힘에 어깨가 아래로 내려앉은 느낌이다. 즉, 부드러운 하
체에 비해 긴장감으로 가득한 상체 구조이다.

이런 힘찬 역동적 포즈를 통해 나타난 근육의 모습은 해부학적으로 완벽하다. 상체의 근육은 잘 단련된 육상 선수의 근육으로, 흉부와 복부 등의 근육이 매우 적절한 조화의 미를 보이고 있다. 또한 각 관절의 모습 역시 한 치의 오차도 없이 정확하다. 특히 복근 양 옆이 살짝 들어간 것은 지금 다윗의 상체에 힘이 잔뜩 들어갔음을 보여주는 것으로, 보는 이에게 시각적으로 긴장감을 유발시키고 있다. 이런 일련의 신체구조는 이 작품이 완벽한 해부학을 토대로 한 것임을 의미하며, 이로써 시각적 리얼리즘의 한 전형을 이루게 된 것이다.

이 순간이 지나면 어떤 행위가 벌어질까? 일촉즉발의 상황이다. 심판의 손인 오른손이 악의 편인 왼쪽을 향해 응징의 벌을 내릴 것이다. 대결 전의 긴장된 침묵이 흐르는 순간이지만 상황은 급박하게 변할 것이며 곧바로 승리를 장식하는 탄성이 들릴 것이다. 이처럼 이 작품은 긴장감에 숨 막히도록 고요한 이미지가 피바람 이는 역동적인 힘과 분노하신 하느님의 계시를 동시에 잉태하고 있는 정중동(靜中動)의 이미지를 보이고 있다.

「다윗상」의 조형적 구조는 절대미를 향한 인간 인식의 산물로 시각적 리얼리즘을 향한 인간의 진일보한 면모를 보인다고 할 수 있다. 물론 거역할 수 없는 하느님의 섭리와 계시를 표현하고 그 지고지순한 천국의 이미지를 드러내기 위해서 어찌 이처럼 완전하고 이상적 아름다움을 통하지 않을 수 있겠냐마는, 여하튼 그 시각적 사실성은 합리성을 내세우는 인간 이성 활동의 결과임에 틀림없다.

레오나르도 다 빈치의 「최후의 만찬」

레오나르도 다 빈치(Leonardo da Vinci, 1452~1519)의 「최후의 만찬」을 보면, 완전한 원근법이 표현되어 있음을 쉽사리 확인할 수 있다. 이 작품은 예수 그리스도가 십자가에 못 박히기 전날 열두 제자와 함께 만찬을 하면서 "받아먹어라. 이것은 내 몸이다. (…) 이것은 나의 피다. 죄를 용서해 주려고 많은 사람을 위하여 내가 흘리는 계약의 피다"라는 말과 함께 그들을 빵과 포도주로 축복하는 신약성서(마태 26:20, 마르 14:17, 루가 22:14)의 이야기를 묘사한 것이다. 바로 이 자리에서 예수는 유다가 자신을 배신할 것을 일러주었던 것이다.

이 그림은 인물들의 어수선한 분위기에도 불구하고 전반적으로 질서정연한 구도를 보이고 있다. 그 구도는 정 중앙에 위치한 예수를 기준으로 하여, 그 오른쪽에 요한과 베드로, 유다,

레오나르도 다 빈치, 「최후의 만찬」, 1495~1498년. 회반죽 위의 템페라, 460×880 cm, 밀라노 산타마리아 델레 그라치에 수도원.

베드로의 동생 안드레아, 요한의 큰 형 야고보, 바르톨로메오, 그 왼쪽으로는 토마와 작은 야고보, 필립보, 마태, 작은 야고보의 동생 유대, 시몬 등 각각 6명씩 배치되고 그들은 또한 3명씩 짝을 이루고 있는 나름의 규칙에 의거한 것이다.

특히 이 그림의 정리된 듯한 느낌은 이런 규칙성뿐 아니라 중앙에 있는 예수를 중심으로 퍼진 원근법적 구도 덕분이다. 공간의 깊이에 따라 사선으로 사라져가는 각각의 선은 한 점에 모이게 되는데, 이 점을 소실점이라 한다. 소실점이 하나뿐인 구도의 원근법이 가장 합리적이고 과학적인데, 이런 원근법을 최초로 구사한 사람이 바로 다 빈치이다. 이 작품은 그 합리적 원근법과 좌우 대칭 구도로 인해 기하학적 미를 드러내고 있으며, 이런 구도와 조형성은 인간 이성의 산물이라 할 수 있다.

또한 이 작품은 예술가들이 관례적으로 묘사한 신성하고 엄숙한 최후의 만찬이 아니라, 제자들이 격렬한 감정 속에서 동요하는 극적인 순간을 표현하고 있다. 바로 숙연한 시간의 흐름 속에서 예수가 "나는 분명히 말한다. 너희 가운데 한 사람이 나를 배반할 것이다"라고 말한 순간이며, 이 말을 들은 모든 제자들이 몹시 걱정하며 "주님, 저는 아니겠지요?"라며 자신의 결백

상 –「최후의 만찬」(부분) 필립보.
하 –「최후의 만찬」(부분) 중앙이
　　베드로.

을 주장하는 순간을 보인 것이다.

특히 예수 오른편으로 서서 자신의 결백을 두 손 모아 항변하는 필립보의 모습이 가슴을 찡하게 만든다. 또한 예수 왼편에서 세 번째 몹시 화난 모습으로 마치 예수에게 그자가 누구인지 말하라는 듯 대드는 듯한 모습의 사람이 바로 베드로이다. 성경에서 보이는 다혈질의 모습으로, 이런 성격의 사람을 묘사하기 위해 다 빈치는 관상학을 연구하기도 한다. 이른바 사실적 이미지와 합리적 공간 구도를 위한 인간 이성의 승리를 알리는 작품이 아닌가?

세상에서 가장 유명한 미술 작품 「모나리자」

레오나르도 다 빈치의 「모나리자」는 모르는 사람이 없을 정도로 유명하며, 1911년 이 작품이 루브르 박물관에서 사라졌을 때 루브르 앞 광장에 사람들이 운집해 통곡할 정도로 이 그림은 세상 사람들에게 가장 많은 사랑을 받고 있다.

이 그림은 인간을 그린 초상화이다. 그것도 막연한 인물을 그린 것이 아니라 리자(Lisa)라는 한 여인을 모델로 그 모습을 생생하게 그린 본격 초상화이다. 바로 그림의 주인공이 인간인 것이다. 이 그림을 위해 다 빈치는 연일 리자라는 여인을 앞에 세워놓고 관찰을 거듭하면서 꼼꼼하고 정밀하게 데생하고 채색하였을 것이다.

이 그림은 한 여인을 대상으로 그린 것이다. 그러나 다 빈

다 빈치, 「모나리자」, 1503~1506년.
목판 위에 유화, 77×53cm,
파리 루브르 박물관.

치는 이 그림을 통해 여인의 겉 모습이 아닌 본질을 묘사하고자 하였다. 그 본질이란 모든 인간이 자기 삶의 목표로 하고 있는 행복이다. 이 작품은 바로 그 행복감을 표현의 목표로 한 것이다.

리자는 가난한 농부의 맏딸로 태어나 지오콘도라는 약 20년 연상의 홀아비에게 시집을 간다. 결혼 생활에서 그녀는 여러 자식을 얻고 또한 남편의 사업도 번창하여 일상의 행복을 만끽하는 여인이었다. 남편 지오콘도는 자신의 홍복이 바로 부인 리자의 덕분이라 생각하여, 자신의 저택 현관에 그녀의 초상화를 걸고는 그 집을 방문하는 모든 사람에게 가정에 대한 그녀의 공덕을 알리고 싶었다. 그리하여 당대 최고의 화가에게 부인의 초상화를 의뢰한 것이다. 모델로 앞에 앉은 그녀의 모습에서 다 빈치가 발견한 것은 바로 행복한 여인의 모습이었다. 그 잔잔한 미소 속에 깃든 행복의 이미지를 포착하기 위해 화가가 얼마나 큰 노력을 기울였겠는가?

다시 말해 다 빈치는 리자를 앞에 세워놓고 그녀의 일면을 꼼꼼히 살피고 관찰하여 그 모습을 세밀하게 화폭에 담고

「모나리자」(부분).

자 하였다. 그런데 그가 리자에게서 발견한 것은 단순한 인간 미가 아니라 그녀의 내면에서 소박하게 피어오르는 잔잔한 행복의 미소였다. 따라서 다 빈치가 이 그림 속에 표현하고자 한 것은 초상화로서의 생생한 모습보다는 대상의 내면과 본질로 바뀌게 된다. 그리하여 모든 인간의 보편적 아름다움인 행복을 이 그림 속에 묘사한 것이다.

우리는 리자의 눈썹이 없다는 이유로 이 그림을 미완성이라 한다. 그러나 한편 잦은 복원 과정 속에서 눈썹이 지워졌다는 것이 정설로 되어 있다. 또한 우리는 이 그림의 미소가 신비롭고 모호하다고 한다. 어떤 감정 상태를 나타내는 미소인지 분간이 안 된다는 것이다. 있는 그대로 적나라하게 보여준다는 것은 그 의미가 단일하고 획일적이라는 것을 말한다. 그러나 모호함이란 보는 사람의 감정에 따라 그 의미가 다양하게 변화됨을 말한다. 다 빈치는 리자의 입가에 솟은 미소가 일의적(一義的)이 아니라 다의적임을 보여주기 위해 일종의 트릭을 쓰게 된다. 바로 그 감정 상태를 적나라하게 드러내는 포인트를 어둠 속에 감추어버린 것이다. 그 포인트가 바로 입가와 눈가이다. 우리 얼굴의 이 두 포인트는 한 사람이 지금 갖고 있는 감정 상태가 어떠한지를 즉각 간파하도록 한다. 그러나 다 빈치는 이 부분을 어둠 속에 슬쩍 넣어버린 것이다.

이처럼 그림에서 어느 부분을 어둡게 처리함으로써 의미를 모호하게 만드는 기법을 '스푸마토(sfumato : 어둠 혹은 안개 속에 가리기)'라 한다. 바로 이 기법이 이 그림의 키포인트가 되는 것이다. 즉, 다 빈치는 이 여인의 현재 감정을 모호하게 표현함으로써 희로애락이라는 인간 감정을 통합시킨 것이다. 이는 보편적 인간 감정의 묘사로, 다 빈치는 이런 인간의 보편적 감정을 이 그림을 통해 표현한 것이다. 이로써 이 그림의 리자는 한 개인이라기보다는 보편적 인간으로서의 위상, 즉 인간 자체의 모습을 보여주고 있는 것이다.

특히 이 그림의 리자는 가냘프고 날씬한 모습이라는 르네상스 시대의 미인을 그리고 있지 않다. 어깨도 넓고 손도 무척 크다. 어떻게 보면 남자의 모습과도 비슷하다. 사람들은 이 리자의 모습에서 다 빈치 자신의 모습을 찾기도 한다. 즉, 이 그림은 단순한 여자의 모습이 아니라 남성의 모습도 동시에 내포하는 형상으로 감정의 보편성뿐 아니라 성별의 차이를 초월한 인간 자체의 모습을 드러낸 르네상스 인본주의의 대표 작품인 것이다.

이처럼 「모나리자」는 다 빈치가 그린 인간의 모습이지만 한 인간의 개성이 아닌 인간의 보편적 이미지로서의 행복이 표현되어 있는 것이다. 그리고 그 이미지는 관찰에 의한 사실적 이미지를 토대로 하고 있으며, 그 사실성은 결국 이성적 판단에 의한 것이다. 바로 르네상스 전성기가 도래했음을 알리는 작품인 것이다. 아마도 이런 인간의 행복한 모습에서 다 빈치는 일찍이 잃어버린 모성의 실체, 즉 인간의 영원한 그리움이자 행복의 근원인 어머니의 이미지를 발견했는지도 모른다. 그러했기에 이 그림을 의뢰인에게 돌려주지 않고 평생을 가지

릴리언 슈바르츠, 「모나−레오」
이는 컴퓨터로 병렬시킨 이미지의 조합
으로, 모나리자의 얼굴과 다 빈치의 얼굴
사이에 존재하는 대칭 구조를 밝혀냈다.

고 다녔던 것은 아닐까?

미술에서의 사실적 이미지는 절대미를 추구하는 인간의 욕
망에 의한 것이다. 예술에서의 사실적 이미지란 현실의 모습을
그대로 담고자 하는 인간의 욕구가 아니라 그 현실을 이성에
의해 파악하고 판단하여 더욱 아름다운 모습으로 가공하고자
하는 욕구인 것이다. 그 인간의 욕구가 인류 최초의 예술인 구
석기의 벽화에서 출발하여 인류 역사상 최고의 아름다움을 추
구한 르네상스로 이어지면서, 서구 예술의 실체는 절대미를 탐
구한 여정으로 기록된 것이다. 그러나 그 여정이 20세기에 들
어와 르네상스에 반(反)하는 다른 길로 들어서면서 예술의 운
명은 새로운 국면을 맞이하게 된다. 이른바 시각성이 아니라
정신이라는 관념성을 중시하는 예술의 길로 들어선 것이다.

신(神)의 이름으로 : 관념적 리얼리즘

　구석기를 지나 신석기 시대로 접어들면서 인간의 삶은 새로운 국면을 맞는다. 신석기인들이 농사법을 알게 되었던 것이다. 농사법을 안다는 것은 사계절 운행 등 절기를 비롯한 우주의 법칙과 질서를 알기 시작했음을 말한다. 이는 인류 역사상 위대한 혁명이 아닐 수 없다. 그들의 생활 방식이 자연 순응적 양상에서 자연 극복의 양상으로 변한 것이다. 이로써 그들은 먹이를 찾아 떠돌던 유랑 생활을 접고 정착 생활을 하면서 농사도 짓고 가축을 기르는 등의 문화적으로 진일보한 삶을 영위하게 된다. 이때 이들이 남긴 작품은 라스코 동굴의 벽화와는 다른 양상을 보인다.

　예를 들어 달리는 사냥꾼을 묘사하는 경우, 달린다는 효과

신석기 시대 「사냥꾼」,
B.C. 6000년경, 사탈휘이크 주실 벽화.

에 치중한 나머지 길게 표현된 팔과 다리가 황금률의 비례를 거부하고 있다. 이는 사실적인 형상보다는 사실과는 다른, 즉 눈으로 보고 경험한 것을 달리 표현하는 색다른 형상을 나타내는 것이다. 이는 인간의 인식 능력이 깊어지고 지식의 폭이 넓어질수록 예술의 형상은 사실적이라기보다는 그만큼 변형되고 왜곡된다는 것을 말하는 것이 아닌가? 이런 인간의 인식이 종교나 사후의 세계 등 지극히 관념적이고 초월적 세계를 지향하게 되면서 그 만큼 예술의 형상은 사실성과는 다른 양상을 취하게 된다.

특히 문자가 발명되어 인간의 족적을 기록할 수 있는 역사 시대로의 진입을 알리는 이집트 시대는 전적으로 파라오를 위한 예술 특히 파라오의 사후를 위한 예술이다. 그들은 파라오의 무덤을 위해 엄청난 인력을 동원해서 거대한 피라미드를 짓고 그 내부를 장식하였다. 그런데 그 형상은 실제의 대상보다 단순하고 개념적이다.

이집트인들은 자기의 생각을 기술하고 생활과 행동을 적을 수 있는 문자를 발명하였다. 문자란 복잡한 생각의 추이나 과정을 기록으로 남기기 위한 기호이다. 그 기호는 사회 구성원들의 약속으로 단순한 형태를 취하고 있다. 그러나 단순한 형태인 문자 기호는 그 의미에서는 복잡한 구조를 지닌다. 이처럼 인간이 자기의 복잡하고 추상적인 생각을 기호에 담아 구체화시키는 동시에 단순화시키는 작용을 '개념화'라 한다. 그리고 그 개념화는 인간의 정신 작용으로 이른바 인간의 관념을 표현한 것이다. 이런 관념의 표현은 실제 경험을 묘사하는 사실적 표현과는 다를 것이다.

문자를 통해 개념 활동을 했던 고대 이집트 사람들의 사고와 삶의 중심에 있던 사후 세계는 인간의 관념화 작용의 결과이다. 즉, 무한한 상상력을 통해 그 보이지 않고 체험할 수도 없는 세계를 표현하고 묘사했던 것이다. 이처럼 고대 이집트 시대의 인간들은 현상 이면의 본질적이며 초월적인 의미를 발견하려고 했던 것이며, 그 결과를 개념적으로 나타낸 것이다.

고대 이집트의 예술 형상 가운데 인간을 보면 실제 인간이긴 한데 많은 부분이 생략되어 단순하고, 해부학을 그다지 중시하지 않은 비사실적 구조를 보인다. 얼굴 전체를 비롯해 코와 입은 측면에서 본 것을 표현하는 반면 눈은 정면에서 본 것을 그린다. 측면에서 본 얼굴과 머리에도 불구하고 어깨와 흉부는 정면이며 엉덩이 아래는 측면이다. 그리고 그 형태나마 디테일이 생략되어 밋밋하고 평면적이다. 연못을 표현한 경우에도 그 모양은 하늘에서 본 것

「연꽃과 곡물에 둘러싸인 불사의 존재」, 세무퍼의 무덤, 테베, 이집트.

을, 그 안의 물고기나 주위의 나무들은 측면에서 본 형상을 묘사한다.

이런 형상은 인간이 보고 경험한 것을 직접적으로 표현하는 것이 아니라, 인지된 결과를 정신적으로 가공하여 재현한 것이다. 즉, 사람을 묘사할 경우, 머리와 이목구비, 사지 등 인체의 기본적인 구성 요소를 파악한 뒤, 표현에 있어서 중요한 것 이외의 것을 생략하고 인체의 각 부분을 가장 명확하게 드러낼 수 있도록 포인트를 잡아 나타낸 것이다.

이런 형상은 초점 투시, 즉 한 점에서 관찰한 정보를 기록하는 것이 아니라 여러 시점에서 관찰한 내용, 즉 산점투시에 의한 정보를 평면 위에 전개하는 것으로 다분히 비현실적이다. 그리고 그 형상은 감각적으로 경험한 사실에 전적으로 의존하는 것이 아니라 이를 가공하고 변형시키는 지적 행위를 기반으로 한다. 이런 지적 행위는 복잡한 사실을 일목요연하게 표현하는 행위로 개념적 표현 행위이며, 이 개념적 표현 행위는 사실을 단순화시키려는 인간의 정신 활동과 다른 것이 아니다.

이처럼 문자를 만들고 그 문자를 통해 자기들의 정신과 생각을 표현할 줄 알았던 고대 이집트인들의 미술은 형태를 단순화하고 개념화시켜 비사실적이라는 특성을 띤다. 이는 사실을 세밀하게 표현하는 시각적 리얼리즘과는 달리 이를 지적으로 변형시키는 것, 다시 말해 대상에 대한 인간의 생각을 표현하는 관념적 리얼리즘이다.

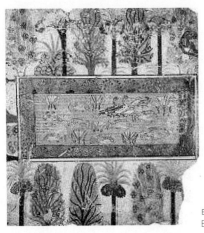

테베의 고분벽화 「네바문의 정원」.
B.C. 1400년경. 런던 대영박물관.

이런 미술 구도는 고대 이집트인들이 눈에 보이는 가시적 현실이라는 현세보다는 내세, 즉 죽어서 가는 사후의 세계에 더욱 집착했음을 말한다. 그 사후의 세계란 종교적 색채가 짙은 영원한 세계로, 결국 명확하게 인식할 수 있는 세계가 아니라 누구도 확인하지 못한 모호하고 신비로운 세계이다. 그러하기에 이들의 인식 과정은 잘 알지 못하는 추상적 세계를 파악하기 위한 일련의 과정이며, 그 과정에서 이들은 보이지 않는 세계를 투시하기 위한 다양한 지적 과정을 겪었던 것이다. 이와 같이 종교적 관념에 입각한 지적 인식 활동은 사실보다는 그 사실을 해석하고, 해석된 결과를 다시 상징화하고 개념화하는 관념적 인간 행위에 의한 것이다.

신성(神性)을 향하여

서양의 역사에서 '중세(中世, the Middle Ages)'라는 말에 대해 생각해 보자. 중세란 어느 사이에 끼어 있는 시대라는 뜻으로 그 의미가 결코 긍정적이지 않다. 서구 역사에서 1,000년의 세월을 버틴 중세 기독교 시대가 어떤 이유에서인지 제대로 평가를 받지 못한다는 느낌이다. 이유는 서구 역사를 바라보는 관점 때문인데, 그 사관(史觀)이 다분히 인간 중심적이기에 그런 것이다. 즉, 중세 이전의 시대는 고대 그리스의 헬레니즘 전통을 이어받은 로마 시대이며, 중세 이후는 헬레니즘으로의 복귀를 외친 르네상스 시대이다. 바로 인류의 역사가 인간 중심적 시대에 그 사관으로 기술되었기에, 신 중심의 기독교 시대는 그 만큼 폄하될 수밖에 없었던 것이다.

중세를 암흑시대(the Dark Ages)라고 부르는 것도 모자라 '고딕(Gothic)'이라고도 하고 '반달리즘(Vandalism)'이라고 부르기도 한다. '고딕'은 5세기 말 로마를 침입하여 동고트 왕국을 세운 게르만 족의 일파인 고트족에서 온 말로, 찬연했던 인간 문화인 로마 문화를 파괴한 주범이라는 뜻이다. 또 '반달리즘'은 5세기 지중해로 진출하여 로마시를 약탈하고 파괴했던 반달족에서 유래한 말로, 맹목적으로 도시의 문화 예술이나 공공시설을 파괴하는 행위라는 의미이다. 따라서 중세를 이런 말로 부르는 것은 로마 중심의 인간 중심적 문화를 헤브라이즘(Hebraism)이라는 신 중심 문화로 바꾼 것에 대한 인간 중심

노트르담(Notre-Dame) 성당
(남쪽 측면), 파리.

적 사관의 보복인 것이다.

그러면 왜 인간 중심적 사관의 보복이 이토록 가혹했을까? 단적으로 말해 인간 이성에 의해 구축된 합리의 개념이 중세 시대에 와서 사라져 버렸기 때문이다. 세밀한 관찰을 통해 이성적으로 파악한 세계를 해부학 등을 동원해 합리적으로 표현했던 헬레니즘의 문화를 거역했던 것이 헤브라이즘이었기에 말이다.

중세 시대는 철저히 신 중심 사회이다. 인간의 삶은 하느님께 기도하고 성인들을 경배하며 성서의 계율을 따르는 기독교의 믿음을 근간으로 했다. 인간의 사고는 그 종교적 믿음을 기초로 하는 것이었고, 이성적·합리적 사고는 그다지 중시되지 않았다. 인간의 이성은 바로 그 하느님의 계율과 세계를 드러내고 표현하는 수단에 지나지 않았기에 그 절대적 권위를 인정받지 못했던 것이다.

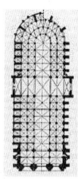

좌-노트르담 성당의 기하학적
평면도.
우-노트르담 성당의 첨두형 궁륭.
1163~1250년경. 파리.

역사적으로 12세기를 중심으로 중세를 로마네스크(Romanesque)
와 고딕(Gothic)으로 구분한다. '로마네스크'라는 말은 건축 등
의 양식을 로마식으로 했다는 데서 비롯된 말로, 육중한 이미
지를 보이고 있다. 고딕은 12세기 이후의 대성당의 시대를 말
하는데, 이때 지어진 성당들은 매우 화려한 외부 장식을 보이
고 있으며 하늘을 찌를 듯한 첨탑을 가지고 있다. 그 화려한
장식은 모두 하느님의 말씀을 조각으로 형상화한 것이며, 높
은 첨탑은 하늘에 계신 하느님께 더욱 가까이 다가가고자 하
는 인간 욕망을 드러낸 것이다. 고딕 성당의 내부를 보면 로마
네스크 양식의 원통형과는 달리 가운데 꼭짓점을 향해 모여
있는 첨두형 궁륭이다. 그래서 첨두형 궁륭은 시각적으로 더
높아 보이는 착시현상을 일으킨 것이다. 이 역시 하느님을 향
해 더 높이 오르고자 하는 인간 욕망의 발로인 것이다.

그런데 이런 높고 거대한 건물을 지을 수 있었던 것은 매우
합리적이고 과학적인 건축 공법이 발달했기 때문이다. 그 건

축 공법은 곧 과학적인 기하학으로, 이는 하느님의 말씀에 의한 것이 아니라 누적된 경험과 깊은 지식, 즉 인간의 이성에 의한 것이며, 하느님께 더 가까이 가고자 하는 인간의 간곡한 마음을 대변한 것이다. 중세의 신학자인 토마스 아퀴나스는 "모든 사물은 완전한 비례를 지닐 때 가장 아름답다"고 하였다. 언뜻 보면 시각적 아름다움, 즉 해부학과 관찰에 의한 헬레니즘의 예술적 이상을 지칭한 말인 것 같다. 그러나 중세의 미적 이상은 헬레니즘의 그것과는 전혀 다르다.

아퀴나스의 이 말은 중세의 미적 이상을 드러낸 말로, 모든 사물이라 함은 예술 작품도 포함하는 말로 받아들일 수 있다. 그리고 '완전한 비례'란 대성당을 지을 수 있는 이성의 기하학을 말하며, '아름답다'는 말은 하느님의 말씀을 전달한다는 의미이다. 중세 예술의 목적은 시각적 아름다움이 아니라 하느님의 말씀, 즉 성서의 내용을 표현하고 드러낸다는 것이다. 하느님의 말씀을 드러낸다는 것은 성당과 같은 하느님의 집을 짓고 그 성당의 각 부분에 그 말씀을 기호화한 형상을 만들어 봉헌한다는 것을 말한다. 그러니 중세 예술의 궁극 목적은 말씀의 전달이며 하느님의 경배인 것이다. 이 목적을 위해 수단으로 삼은 것이 바로 기하학을 창출해 낸 인간의 이성이다. 그러니 아퀴나스의 이 말은 하느님께 인간의 이성을 바친다는 말로 해석할 수 있다. 즉, 예술이란 인간의 이성을 수단 삼아 하느님의 말씀을 온전하게 전달하는 것임을 분명히 한 것이라 할 수 있을 것이다.

이처럼 시각적 아름다움이 아니라 형상을 통해 어떤 말씀, 즉 메시지를 전달하는 예술을 '이코노그래피(iconography)'라 한다. '이코노', 즉 '아이콘'이란 의미 기호라는 뜻이며 '그래피'란 형상이다. 이는 모든 형상이 어떤 의미 내용을 담고 있다는 예술의 상징성을 드러낸 말이다. 이처럼 중세의 예술은 '이코노그래피'이지 단순히 시각적 아름다움을 보여주는 장식적 예술이 전혀 아닌 것이다. 이런 예술의 이상은 헬레니즘 시대의 이상과는 전적으로 다른 것이다.

중세의 그림과 조각은 상세하고 세밀한 형상, 즉 시각적 사실성을 목적으로 하지 않는다. 그렇기에 이 시기의 작품에서는 헬레니즘의 사실적 표현을 찾아볼 수 없다. 하느님의 말씀과 메시지의 표현이 일차적인 목적이기에 예술가는 일단 성서 의미와 갈래를 깊이 해독해야 하는 지적 수고를 해야 했다. 그리고는 그 해석의 결과를 형과 색을 통해 재현한 것이다. 당시 성서는 라틴어로 쓰였으며 대부분의 서민들은 글을 읽지 못하는 문맹이었다. 그래서 예술가들은 그 말씀을 형상화해서 성당의 내외에 장식함으로써 일반 서민들이 일상의 생활에서 그 형상을 통해 말씀을 느끼고 확인할 수 있도록 한 것이다.

예를 들어 '최후의 심판'은 성서의 주된 메시지이다. 이는 세상의 종말이 오면 메시아가 나타나 살아생전 인간 영혼의 무게를 판별해 천국과 지옥행이라는 운명이 정해진다는 것으로, 모든 사람은 살아서 하느님의 규율에 따라 독실한 신앙생활과 아울러 선을 행해야 한다는 것이다. 그런데 이 메시지는

「최후의 심판」, 1130~1135년경.
오튕(Autun) 대성당.

실상 말씀, 즉 관념으로밖에 인지되지 않는다. 그 '최후의 심판'이라는 사실을 확인한 사람은 아무도 없지 않은가? 그래서 이 메시지는 예술가의 상상력을 토대로 구체화될 수밖에 없다. 그러니 예술가는 성서를 읽고 해독하여 이를 형상화하면서 그 메시지를 담아야 하는 창작의 과정을 따랐던 것이다.

우선 읽는다는 행위는 관찰이라는 사실적 행위와는 다른 관념적 행위이다. 더욱이 메시지 전달이라는 표현의 목적은 순수 예술적인 표현을 위한 것이 아니기에 '사실적인가?' 라는 것은 별로 문제가 되지 않는다. 다시 말해 성서의 해독을 통해 예술가가 인식한 것을 형상화하는 창작 행위에 있어 해부학과 원근법 등을 통한 합리적 형상은 그다지 중요한 것이 아니다. 형상이 어떻든 간에 말씀의 내용만 충실히 전달하면 되는 것이다. 그래서 중세 시대의 예술 작품은 헬레니즘 시대에 비해 무척 조악하게 보인다.

「사도」라는 작품을 보면 해부학이나 비례법이 결코 사실적이거나 합리적이지 않다. 주인공의 얼굴과 이목구비는 이 인물의 개성이 어떤지를 보여주지 않으며, 얼굴과 머리의 구분도 불명확하다. 특히 들고 있는 오른팔이 몸통에 어떻게 붙어

「사도」, 1090년경. 생 세르넹(Saint-Sernin) 성당의 벽면 부조, 툴루즈(Toulouse).

있는지 매우 어색하고 손과 손가락의 크기 또한 너무 크다. 또, 옷 아래의 발과 발목은 대충 마무리가 된 것 같다. 염주알처럼 표현되어 마치 모자를 쓴 듯한 머리카락과 더불어 옷의 규칙적인 주름도 실제의 그 모습들과는 거리가 멀다.

이런 모든 부분들이 이 인물의 사실적 이미지보다는 보편적 이미지를 강화시키고 있는 것이다. 즉, 인물의 개성과 같은 인간적 특성보다는 사도로서의 상징적 이미지가 더 중요한 것이다. 세속

적인 인간의 이미지, 즉 현실적인 한 개인의 모습으로는 하느님의 말씀을 전하는 신성한 사명을 띤 이미지를 표현할 수 없는 것이 아닌가? 작가는 해부학과 비례법, 콘트라포스토 등 시각적 아름다움을 표현하는 도구에 의해 나타난 사실적인 모습의 인물보다는 사도로서의 암시적 의미가 더 중요했기에, 그 의미를 표현하는데 부적절한 요소는 모두 제거해 버린 것이다. 그리하여 이 인물은 실제 인물이 아니라 가공된 인물로 모든 인간의 이미지를 담고 있다.

이런 형상을 인간의 보편적인 모습이라고 한다. 얼굴의 둥

근 모습은 얼굴의 일반적 개념이다. 우리는 동그란 얼굴, 삼각형 얼굴, 사각형 얼굴 등 수많은 형태의 얼굴을 가지고 있다. 그러나 그런 다양한 모습의 얼굴을 단 하나의 도형으로 개념화 한다면 바로 원일 것이다. 그래서 이 사도의 얼굴은 원형이다. 몸통 또한 가늘거나 뚱뚱한 모습의 다양한 인간 몸매를 최소한의 도형으로 환원시킨다면 원통이다. 그래서 이 주인공의 몸은 원통으로 나타난 것이다. 이처럼 이 인물의 모든 부분은 한 개인의 모습이 아니라 모든 인간의 개성을 함축적

샤르트르(Chartres) 대성당의 벽면 조각상. 1145~1170년경.

으로 표현한 개념적이고 보편적인 형상임을 알 수 있다. 그리고 그 개념적 형상은 한 인간의 개성보다는 하느님의 명령을 수행하는 존재로서의 위상을 부각시켜 보여주고 있는 것이다.

이런 개념적 형상은 자연에 대한 인간의 지적 해석에 의한 것이다. 다시 말해 만물의 본질을 파악하려는 지적 노력에 의해 영원불변의 법칙을 표현하고자 하는 것이다. 위의 「사도」의 경우, 천태만상의 얼굴 형상이 지닌 공통점을 파악하고 이를 구성하는 기본 요소인 이목구비를 위치시키는 행위는 사실적 형상을 표현하기 위한 행위가 아니라 인지된 대상의 본질

치마부에, 「옥좌 위의 성모」, 목판 위에 템페라.
427×280cm.파리 루브르 박물관.

이라는 보다 정신적인 실체를 표현하는 것이다. 이를 개념적 행위라 일컬으며, 그 결과를 개념적 형상이라고 한다. 중세의 성당 도면에 나타난 기하학적 구조와 더불어 「사도」에 표현된 형상은 바로 이런 개념 활동이라는 인간의 지적 작용을 토대로 한 것이다. 이런 예술가의 행위를 우리는 관념 행위라 하고, 이런 창작의 과정을 통해 나타난 예술 작품을 사실적 작품과 다른 차원의 관념적 작품이라고 한다.

예를 들어 치마부에(Cimabue, 1240?~1302?)의 「옥좌 위의 성모」를 보자. 근사한 옥좌 위에 성모가 아기 예수를 안고 앉아 있다. 그러나 그 형상에서 사실성을 식별하기는 어렵다. 성모의 형상은 나무판에 조각을 한 듯 딱딱한 형상이고, 아기 예수 또한 아이의 해부학이 아니라 늠름한 어른의 해부학으로 묘사되어 애늙은이처럼 보인다. 이는 중세의 미학이 전혀 사실성에 기초하고 있지 않음을 보여준다. 즉, 성모의 위상과 성인으로서의 예수의 이미지, 그리고 절대적 믿음에 기초한 그

의 생활이 주요 테마였기에, 사실적 모습
이란 전혀 중시되지 않았던 것이다. 주위
에 성모자를 경배하는 천사들 역시 사실적
인 원근법에 의해서가 아니라, 가까운 것
은 낮고 먼 것은 높이 그린다는 관념적 원
근법에 의해 표현되었을 뿐이다.

「옥좌 위의 성모」(부분)
아기예수.

　이처럼 신석기 시대와 고대 이집트, 그
리고 서구의 중세 시대에 주를 이룬 표현 기법은 사실성보다
는 인간 관념에 의한 표현이 주를 이루는데, 이는 대상이 지닌
본질을 파악하는 인간의 지적 작용이 수반되는 것이며 그런
과정을 통해 인지된 결과는 원래의 대상과는 다른 양상을 지
닌다. 이처럼 대상의 본질을 파악하는 지적 행위를 '추상'이라
고 하는데, 그 추상에 의한 형상은 매우 단순화되고 경우에 따
라서는 구상적 이미지를 전혀 취하지 않을 수도 있는 것이다.
그리하여 사실적 표현이 인간의 이성에 의해 파악된 시각적
아름다움을 추구한다면, 관념적 표현은 어떤 메시지 전달을
위한 형상으로 다분히 정신적 아름다움을 추구한다고 할 수
있다. 바로 신성의 표현인 것이다.

죽음 − 메멘토 모리(Memento Mori)

　　인간 예술의 역사에서 이성적 판단을 앞세운 시각적 리얼리즘과 그 판단을 변형시켜 다르게 표현하는 관념적 리얼리즘은 시대를 달리하면서 교대로 주종의 다툼을 한다. 살펴본 대로 인류 역사를 통시적으로 볼 때, 구석기는 시각성을 앞세우며 신석기와 이집트는 관념성을 추구한다. 고대 그리스 로마 시대에는 시각성을, 중세에는 관념성을 주로 하고, 르네상스 및 철저한 이성의 예술인 고전주의는 다시 시각성을 위주로 한다. 그리고 인간의 감성을 인식의 수단으로 하는 낭만주의는 관념 중심이며 사실주의는 그 반대이다. 이후의 인상주의와 야수파, 입체주의 등 현대 미술은 다분히 관념성을 우위에 두고 있다고 할 수 있다. 물론 이는 어느 경향이 주를 이루었는가를 논하는 것이지, 어느 경향이 더 우월적 가치가 있는가를 판단하기 위한 것은 아니다. 왜냐하면 예술은 시대의 산물로, 그 시대에 속해 살고 판단하던 예술가는 필연적으로 그 시대의 문화와 사상을 비롯해 자기의 개인적인 세계관을 작품 속에 이입시키기 마련이기 때문이다. 그렇기에 예술품은 시각성과 관념성 가운데 어느 경향을 토대로 하든 나름의 가치를 지니고 있는 것이며, 그 가치는 작품을 통해 시대의 사상과 조류를 파악하고 작가의 세계관을 이해할 때 비로소 빛을 발할 것이다.

예술가는 작품 속에 운명적으로 자신의 정신세계, 즉 인간과 세계에 관한 나름의 철학을 드러낸다. 예술가에 따라 삶의 환희와 즐거움 등 인간에 대한 긍정적인 면뿐만 아니라 인간 존재에 관한 악하고 부정적인 면이 드러나기도 한다는 것을 실제 작품을 통해 알 수 있다. 그 가운데 작품 속에 해골 등을 통한 죽음의 이미지를 직접 혹은 간접적으로 묘사하는 작가들이 있다. 이는 인간의 본질을 악에 두고, 그 악으로 인해 삶이 피폐하고 타락한다는 것을 고발하며 이런 삶이 얼마나 추하고 허무한지를 보여준다. 죽음 앞에서 인간의 허영과 사치를 비롯한 세속적인 욕망이 얼마나 부질없는지를 알려주는 것이다.

16세기에 들어 사람들의 관념에 중요한 변화가 일어난다. 세상의 물질들이 결국은 썩어 없어질 것이라는 만사 허무하다는 생각이 일반화된 것이다. 이는 인간 이성의 오만함과 세속적 삶의 맹목적 유희, 무가치한 허영을 경계하는 태도이다. 그래서 '바니타스(Vanitas)'라는 새로운 주제의 정물과 초상화가 유행하게 된다. '바니타스'라는 말은 라틴어로서 허풍, 공허, 헛수고, 무익, 거짓 등 무상함을 의미하는 말로, 인간의 허영심으로 인해 돋아나는 악의 싹을 경계하는 말이라 할 수 있다. 그림에서 바니타스의 상징물로는 해골이나 촛불, 모래시계, 시든 꽃, 비눗방울, 폐허가 된 고대 문화의 조각상 등 죽음이나 순간과 연관된 오브제들이 있다.

물론 중세에도 '메멘토 모리(Memento Mori : 죽음을 기억하라)'가 사람들의 생각 속에 있었던 만큼, 죽음을 상기시키는 그림이 있었다. 주로 수도원이나 공동묘지에 그려지던 '마카브르(Macabre : 썩어가는 시체를 그림으로 묘사함)'라는 주제가 그것이다. 기독교가 사람들의 전반적인 의식을 지배한 만큼 죄의 값은 죽음이고 죽으면 썩는다는 뜻으로, 곧 신 앞에 자기가 죄인임을 겸허하게 고백하는 의미였던 것이다.

특히 르네상스를 지나면서 태동한 매너리즘(Mannerism) 시대와 바로크(Baroque) 시대는 철학과 수학을 비롯해 물리학과 생물학 등 과학 분야에 지대한 발전이 있었다. 그리하여 이 시대를 인간 이성과 과학을 위주로 한 철학과 사상의 시대였다고 하는데, 특히 사상적으로는 데카르트의 합리론이 주를 이루었다.

과학의 발전은 결국 인간에게 '합리적 법칙과 질서란 무엇인가'를 가르치게 되었고, 이런 판단을 토대로 한 합리론은 결국 '내가 무엇을 알고 있는가'라는 이성에 대한 깊은 회의를 드러낸다. '나는 생각한다. 고로 존재한다'는 데카르트의 명제에서 '생각'이란 곧 끊임없는 의심, 즉 회의를 의미하는 것으로, 회의하는 자아에서 존재의 실체를 확인하는 것이다. 즉, 세상에서 의심하는 자신 이외에 확실한 진리는 없다는 것이다. 이런 사고는 궁극적으로 인간의 존재에 대한 끊임없는 회의와 사고를 통해 자아의 정신과 이성을 더욱 갈고 닦아 온전한 도덕적 인간이 되어야 한다는 것이다. 그 도덕이란 결국 선(善)의 실현이자, 선과 악을 구분할 수 있는 이성의 힘을 의미한다.

당대 사람들이 이 이성의 힘, 즉 보편적 질서와 합리성의 표상으로 내세웠던 이미지가 바로 죽음의 불가피성을 숨김없이 나타내는 '바니타스'였다. 이는 삶의 좌표가 죽음을 전제로 할 때 그 합리적 선(善)에 다다를 수 있다고 믿었기 때문이다. 이런 이유에서 특히 16세기에는 그림에 해골이나 촛불 등 죽음의 이미지가 출현하는 것이며, 초상화 뒷면에 따로 바니타스를 그리기도 했고 심지어는 진짜 해골을 구해다 방을 장식한 사람도 있었다. '죽음의 운명을 능가하여 존재하는 힘이 과연 인간 세상에 존재하는가'라는 회의에서 죽음을 상기시키는 '메멘토 모리'라는 생활 관념이 회화적으로 표현된 것이다.

그림 속의 바니타스

네덜란드의 화가 하르멘 스텐베이크(Harmen Steenwyck, 1612~

하르멘 스텐베이크, 「인간 생활의 허영」, 1645년경, 51×39cm, 오크 나무 위의 유화, 런던 내셔널 갤러리.

1655)의 「인간 생활의 허영(An Allegory of the Vanities of Human Life)」은 구약성서의 전도서 1장 2절인 "헛되고 헛되도 다. 세상만사 헛되도다"라는 내용을 상기시키는 작품으로, 인 간의 세속적 욕망이 얼마나 덧없는 가를 단적으로 보여주는 바니타스의 전형이다.

이 그림에서 책은 인간 지식의 허영을 고발하고 있다. 책은 인간들에게 지식과 학문 습득의 수단이지만, 역시 허영의 위 험이 도사리고 있다. 어차피 "지혜가 많으면 괴로운 일도 많 고 아는 것이 많으면 걱정도 많아지는 법(전도서 1장 18절)"이 다. 리코더와 숌(오보에의 전신)으로 묘사된 악기는 구혼과 사 랑의 행위에 동원되는 것으로 흔히 감각적 사랑의 기쁨을 나 타낸다. 특히 그림에서의 관악기는 남성성을 나타내며, 부드 러운 곡선의 현악기는 여성성을 의미한다.

일본도(刀)와 조개껍질은 수집가들의 진귀품으로 부를 상징한다. 그러나 부 또한 허영이 아닌가? "사람은 세상에 올 때처럼 빈손으로 갈 것뿐이라, 바람을 잡으려고 아무리 애를 써도 소용이 없다(전도서 5장 15절)"는 말과 같이 특히 빈 조개껍질은 죽음과 허무의 상징으로 우리에게 보다 직접적으로 죽음의 의미를 상기시킨다. 일본도는 무기의 힘으로도 죽음을 무찌를 수 없음을 나타내는 것으로, "윗어른이 있고 또 윗어른이 있다(전도서 7절)"는 성서의 말을 상기시킨다.

그림 우측 상단의 끈이 달린 병은 술병이며 그 옆의 오브제는 류트를 엎어놓은 것이다. 인간 삶의 쾌락과 즐거움을 나타낸 것이다. 당시 인기 있던 시계인 크로노미터와 불이 막 꺼진 램프는 인간 생활의 허무함과 부질없음을 암시한다. 특히 크로노미터는 '무엇이나 다 정한 때가 있다(전도서 3장 1절)'는 말처럼 우리가 지상에 머무는 시간이 유한함을 말하며, 막 불이 꺼져 연기 꼬리가 남은 램프 역시 시간의 흐름과 인간 존재의 허약함을 드러내는 것이다. 무엇보다도 왼편 상단의 빛이 해골을 밝히고 있는 것으로 보아 이 모든 인간 삶의 허영은 죽음의 상징인 해골에 의해 지배되고 있음을 확인할 수 있다.

메멘토 모리 : 한스 홀바인의 「대사들」

세속의 영광 찬미

이런 바니타스에 대한 생각을 가장 적확하게 표현한 작품

한스 홀바인, 「대사들」,
1533년, 캔버스에 유화,
207×209.5cm,
런던 내셔널 갤러리.

으로 한스 홀바인(Hans Holbein the Younger, 1497~1543)의 「대
사들」을 들 수 있다. 이 그림의 주인공은 왼쪽에 위치한 장 드
댕트빌(Jean de Dinteville)이다. 그는 프랑스의 정치인이자 외교
관으로 당시 프랑스의 왕인 프랑수아 1세의 명을 받고 영국에
파견되어 중요한 외교 임무를 수행 중이었다.

그의 중요한 임무란 영국과 로마 교회의 갈등 해소인데, 당
시 영국의 국왕 헨리 8세는 1532년, 아들을 두지 못했다는 이
유로 왕비 캐서린과 이혼하고 앤 불린이라는 여인과 결혼하기
위해 교황에게 결혼 무효 소송을 신청했던 것이다. 로마의 교
황 클레멘트 7세는 이 이혼 소송을 기각하였으나, 헨리 8세는
1533년 1월 25일 앤 불린과 비밀 결혼을 하였고 그 해 부활절
에 이 사실을 공개하였다. 그리고 영국은 결국 1536년 로마의
감독권을 폐지하는 법령을 공포함으로써 가톨릭 교회로부터

독립하게 된다.

「대사들」(부분)
댕트빌 초상.

이러한 헨리 8세의 이혼 문제는 실제 국왕의 개인적 사정뿐만 아니라 내외의 정치적·종교적 정세가 얽힌 복잡한 문제였다. 댕트빌이 영국에 파견된 이유는 이 분쟁을 해결하기 위함인데 로마 가톨릭과 분리된 오늘날의 영국 종교를 보면 그의 임무는 결국 실패로 돌아간 셈이다.

이런 중요한 임무를 띤 댕트빌의 화려한 의상과 장신구가 세속에서의 명예와 영광을 한껏 드높이고 있다. 멋진 베레모와 모피로 장식된 훌륭한 외투, 목에 걸린 생 미셸이라는 최고의 훈장과 단검이 그것이다. 반면 그 옆에 있는 댕트빌의 친구인 조르주 드 셀브(Georges de Selves)는 당시 프랑스 라보르라는 도시의 주교로, 종교개혁의 원인이 가톨릭 내부의 부패에 있음을 지적했던 가톨릭의 개혁주의자이다.

2단으로 된 탁자 위에는 인간의 지식과 쾌락에 연관된 많은 오브제들이 늘어서 있다. 상단의 오브제들은 항해술과 천문학 등 과학에 관련된 것들로 좌측으로부터 천구의, 휴대용 해시계, 사분의(四分儀 quadrant), 다면 해시계, 토르카툼(torquatum)이다. 특히 다면 해시계는 년·월·일을 표시할 수 있는 시계로 발견의 시대가 왔음을 보여준다. 이 시계는 현재 4월 11일에 맞추어져 있는데, 한편 이 해의 성 금요일이기도 하며 동시에 시간이 10시 30분인 것으로 보아 헨리 8세가 이혼장에 서명

한 때임을 보여주고 있다. 토르카툼은 태양 광선의 각도를 측정하기 위해 고안된 도구로 주로 태양이나 별 등 천체의 위치를 측정하는 데 쓰였다. 이 도구의 특징은 시간과 날짜를 계산할 수 있다는 것인데 역시 영국과 로마가 결별한 1533년 4월 11일로 맞추어져 있다.

이 도구들이 보여주듯 댕트빌이 활약하던 시대는 콜럼버스가 신대륙을 발견한 이후 천문학과 항해술이 발달했던 때이다. 특히 코페르니쿠스의 지동설을 비롯해 제롬 카드란(Jérôme Cadran)이 3·4차 방정식을 해결함으로써 대수학이 발전하는 결정적 계기를 마련하였고, 질병의 감염 경로가 밝혀지는 등 이른바 과학의 시대였던 것이다. 따라서 그림의 소재가 된 이 도구들은 시대가 이미 근대로 접어들었음을 예고하는 것들이다. 이러한 이성과 과학의 시대에 중세의 신과 천사 혹은 악마와 같은 비현실적 존재가 과연 설득력이 있었겠는가?

탁자의 하단에는 지상의 지식이나 쾌락과 관련된 도구들로 지구의와 수학책, 삼각자와 컴퍼스를 비롯해 16세기를 중심으로 유럽에서 크게 유행했던 기타의 전신인 류트와 피리, 그리

고 조르주 드 셀브의 종교적 신념을 표현하고 있는 찬송가집
이 있다. 수학책은 1527년 상인들을 교육시키기 위해 출간된
교습서이며, 삼각자와 컴퍼스는 지도제작에 필수적인 물건들
이다. 이 오브제들은 이 대사들이 받은 근대 교육과 지식 수준
을 암시하고 있다.

　이 가운데 특히 두 악기는 인간 쾌락의 상징이며, 동시에 음
악으로서의 아름다운 선율과 조화를 그 생명으로 한다. 그러나
자세히 보면 류트의 줄 하나가 끊어져 있다(그림 탁자의 하단 원
부분 참조). 이 부조화는 일단 인간 사랑의 부질없음을, 그리고
화해하지 못하는 종교적 갈등과 그 갈등에 의해 야기될 치열한
전쟁 혹은 죽음을 예시하는 것 같다. 홀바인은 그러한 부정적
예견 속에서도 나름의 낙관론을 제시하는데 바로 찬송가집의
묘사가 그것이다. 찬송가의 열린 면 오른쪽은 루터파의 합창곡
인 「성령이여 오소서(Komm heiliger Geyst Heeregott)」의 첫 구
절이 그려져 있고, 왼쪽 페이지는 십계를 의미하는 성가 「인
간이여 행복하기를 바란다면(Mensch willtu leben seliglich)」이
다. 이들은 각각 신교와 구교를 대표하는 찬송가들로 두 교파

간에 야기된 갈등이 해소되고 서로 원만한 조화를 이루기를 바라는 셀브의 종교적 염원을 표현한 것이다.

이렇듯 이 작품의 두 인물은 정치적 문제를 해결하려는 의지를 지닌 사람들이며, 탁자에 놓인 기구와 도구들은 지적·종교적 세계와 연관된 것으로, 모두 인간사, 즉 인간의 욕망과 지적 추구를 나타내는 것들이다.

또 다른 의미 : 왜상(anamorphosis)

과학과 발전이라는 세속의 영광을 드러낸 이 그림의 오브제들을 자세히 보면 이런 인간사의 사치와 명예가 얼마나 부질없는 것인가를 드러내는 요소들이 있다. 우선은 그림 전면이 녹색 커튼으로 드리워져 마치 벽을 마주한 듯 답답하게 보인다. 이는 더 이상의 진전은 없으리라는 인간 능력의 한계를 보이는 것이 아닌가? 그림 왼편 상단의 커튼에 가려져 살짝 드러난 은제 십자가가 인간의 한계와 아울러 인간과 인간 역사의 운명이 결국 그리스도 혹은 하느님의 섭리에 의한 것임을 암시한다. 이처럼 감추어진 십자가가 전하는 은밀한 메시지로 인해 지금까지 이 그림 전반을 지배한 화려하고 아름다운 현상의 세계는 그 가치를 상실하게 되고, 이 작품의 진정한 의미는 달리 있다는 것을 슬쩍 제시하는 듯하다. 그것이 무엇인가? 그것은 바로 '메멘토 모리'에 기초한 바니타스일 것이다.

그림을 다시 한 번 보면 이 모든 명확하고 구체적인 형상과는 달리 모호하고 추상적인 그 무엇이 우리의 시선을 사로잡

는다. 그 명확하고 구체적인 형상이란 과학적인 명증성을 암시하면서 동시에 눈으로 보고 관찰한 세계를 정확한 데생력으로 묘사하는 르네상스의 미학을 상기시키는 만큼, 형상의 모호함은 그 현상의 세계에 대한 불신과 반성을 나타낼 것이다.

이런 사실은 그림 속의 다른 물건들과는 달리 그 이미지가 단박에 파악되지 않는 그 무엇을 통해 나타나고 있다. 두 인물의 발치에 늘어져 있는 형태를 알 수 없는 기이한 물건이 그것이다. 구체적인 형태를 알 수 없는 그 물체는 명확하고 구체적인 형상 속의 추상이며, 재현 속의 비재현이다. 아마도 화려한 물질의 세계, 즉 현상에 대한 본질이라는 실상의 우위를 암시하는 것 같다. 바로 눈에 보이는 명료한 가시 세계의 허구성을 고발하는 것은 아닌가?

이 수수께끼 같고 기분 나쁘게 생긴 물체는 바로 인간의 두개골이다. 바로 명확한 현상의 세계 주위를 죽음의 그림자가 배회하고 있는 것이다. 홀바인은 두개골을 사실대로 재현한 것이 아니라 길게 늘여 변형시킨 것이다. 이것은 사실적 이미지를 변형시켜 그 이미지를 직접 파악하지 못하도록 표현된 '왜상(歪像, anamorphosis)'이다. 드러냄과 동시에 감춤이다. 이런 왜곡된 형상을 통해 홀바인은 눈을 사용하지 말고 정신을 이용해 그림을 파악할 것을 권하고 있다. 눈이 그림 속에 정확하게 재현된 오브제들을 바라보았다면, 이제 그림의 진의를 정신적으로 파악할 차례가 되었다는 것이다. 그러면 이 해골은 무엇이며, 어떤 이유에서 이 화려한 영광 속에 위치하고 있는가?

「대사들」(부분)
왜상으로 표현된 두개골.

일반적으로 해골의 의미는 죽음이다. 그 죽음의 이미지는 주로 인간의 원죄를 드러내며 더 나아가 인간의 허영과 사치 등 세속적 욕망을 고발한다. 홀바인은 인간이 보기를 원치도 않고 볼 수도 없는 것을 제시하기 위해 왜상 기법을 사용한 것인데, 그것은 바로 인간의 마음 속 깊이 박힌 죽음의 공포이다.

그러나 홀바인은 길게 늘어진 죽음의 날개를 왜상 기법을 이용해 모호하게 표현함으로써 이 죽음을 새로운 가치 체계, 즉 '삶의 상징'으로 환원시키고 있다. 생각조차 하기 싫은 죽음을 모호한 방식으로 감추어버린 이유는 죽음의 형상 이면에 있는 삶의 의미를 나타내기 위한 것이다. 이것이 이 작품 속에서 해골이 지닌 잠재적 의미이다. 이 두개골의 이중적 구조, 즉 죽음이 다시 삶으로 대치되는 전이 관계를 해명하기 위해서는 작품의 주인공 댕트빌의 신조가 '메멘토 모리', 즉 '항상 죽음을 생각하라!(Souviens-toi de la mort!)'이었음을 상기할 필요가 있다. 그의 베레모를 장식하고 있는 작은 해골이 이러한 신조와 연관된 것이다.

댕트빌은 정치인이자 외교관이다. 한 국가의 운명을 두 어께에 짊어진 막중한 임무를 수행하는 사람으로 국가에 대한 충성과 국민에 대한 신뢰를 최우선 과제로 삼아야 할 인물인 것이다. 공인(公人)으로서의 인물이 지녀야할 삶의 태도와 정신 자세가 무엇인가를 그는 잘 알고 있었던 것이다. 그가 행하는 일이나 그가 토해야 할 말과 웅변은 개인의 사심이나 사리사욕, 이기심과 편견에 지배되어서는 절대 안 될 것이며, 항상 공명정대하고 대의명분을 중시하는 공정한 삶의 태도가 요구되는 자리를 차지하고 있음을 항상 기억해야 했을 것이다. 그러나 그도 인간인 터에 합리적이고 정당한 사유와 공정한 판단의 중요성을 간과하거나 망각하는 순간이 왜 없겠는가? 그러나 그런 인간적 조건과 이유가 한 국가와 국민에게 끼칠 부작용을 생각한다면 아찔할 것이다. 막중 임무를 수행하는 자기의 행동 하나 하나에 어떠한 하자도 없길 바라는 엄중한 사명감을 지닌 인물이 공무(公務) 앞에서 죽음을 연상하는 것은 당연한 일 아니겠는가? 그 죽음 앞에서 세속의 부와 명예, 그 영광과 환희는 얼마나 부질없는 것인가? 현실의 삶 속에서 득세하는 사리사욕과 이기심을 죽음의 뒤편으로 물리치고 순수한 정신과 마음에 의한 공정한 삶의 태도가 부상될 때, 인간에게 있어 현실의 세속적이며 일시적인 가치보다는 진실한 삶을 향한 결연한 의지가 우선될 것이다. 이 의지가 바로 인간의 삶과 생명의 가치 기준일 것이기에, 순간 해골은 죽음의 이미지에서 삶과 생명의 이미지로 환원되는 것이다.

바로 이 그림의 죽음의 왜상은 경박하고 천한 현실의 현상적 가치를 의미하는 것이며, 그 형상이 왜곡되어 표현된 것은 그 현상적 실체를 물리침으로써 드러나는 정말 가치 있는 정신 세계를 표현하기 위한 것이다. 바로 삶과 생명의 현시인 것이다. 다시 말해 죽음의 이미지가 왜상, 즉 변형 투영법을 통해 삶의 이미지로 변신한 것이다. 이것이 드러냄과 동시에 감추기 위한 왜상의 실체이다. 따라서 이 작품은 일차적으로 성공한 인물들의 지성 세계와 당시에 발전하기 시작한 과학 정신을 보여주지만, 그 이면에서는 인간 삶의 도리와 준엄한 도덕을 상기시키고 있는 것이다.

해골 왜상 : 죽음과 삶의 이중주

이 작품은 댕트빌의 성 거실 벽면을 위해 제작된 것이다. 성의 방문객은 우선 거실에 걸린 주인이 초상화에 경의를 표한 뒤 초대장으로 향할 것이다. 목례로 경의를 표하고 뒤로 돌아서는데 무엇인가 정체를 알지 못할 기이한 형상이 눈에 들어온다. 실제 이 작품의 두개골 형상을 직감할 수 있는 가장 적합한 위치가 그림의 오른쪽 1.5m 정도 떨어진 곳이니만큼, 돌아서는 방문객의 눈에 들어오는 형상은 바로 죽음의 의미인 해골이다. 순간 놀란 방문객에게 그림 속에 표현된 모든 영광과 영예, 그리고 풍요한 인간 세상의 지식은 순식간에 그 위력을 잃고는 덧없음의 관념 속으로 사라질 것이다. 이 순간이 왼편에 거의 감추어진 십자가의 정체가 드러나는 순간이기도 하다.

관람 위치의 변화에 따라
달라지는 두개골의 모습.

특히 이 해골에 맑은 크리스털 잔을 갖다 대면 양옆이 수축
되면서 두개골의 모습이 확연하게 잔에 맺힌다는 사실을 상기
하자. 즉, 두개골의 코 부분과 왼쪽 눈 부분에 유리잔을 갖다
대면 그 컵 속에 두개골의 형상이 그 정확한 모습을 드러내는
것이다. 이런 구도에서라면, 댕트빌의 성에서 만찬이 한참 진
행되는 동안 알코올의 취기와 들뜬 분위기의 열기를 이기지
못한 사람이 석연찮았던 초상화 속의 이미지를 확인하기 위해
거실로 나와 그림의 주인공에게 잔을 들어 건배를 청하는 순
간 컵 속에 느닷없는 죽음의 이미지가 새겨졌을 것이다. 좌중
의 웃음과 알코올의 열기가 그 형상 앞에서 무슨 가치가 있겠
는가?

이 그림의 1차 기호는 인물들의 사회적 지위와 과학의 발전
을 입증하는 도구이며 그 의미는 인간적 환희, 영광, 명예, 지
식의 찬미이다. 그러나 숨겨진 형상이라는 2차 기호가 나타나
면서 그림의 의미가 전혀 달라진다. 그 기호는 종말의 기호이

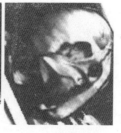

좌–잔에 비친 두개골의 모습.
우–잔에 비친 두개골의 모습(확대).

며 그 의미는 바로 죽음에 대한 명상인 것이다. 홀바인은 우리
를 죽음에 대한 명상의 세계로 이끌면서 진정한 삶의 모습을
상기시키고 있는 것이다. 이것이 바로 바니타스가 아니고 무
엇이겠는가?

향락 혹은 그 반대로

예술의 유희적 주제

인간을 '호모 루덴스(Homo Ludens)'라 했던가? 이는 '유희하는 인간'이라는 호이징하의 말로 유희를 문화의 원동력, 즉 유희를 문화의 상위 개념으로 보는 관점이다. 예술 또한 문화의 일환인 바, 그 창작의 동력을 유희에 둘 수 있다. 그러나 이런 창작 동력으로서가 아니라, 예술의 현상적 주제가 인간 유희, 즉 유희적 행위인 경우가 있다. 이는 예술이 형이상학적인 면, 다시 말해서 예술가가 작품을 통해 도덕적 메시지를 전달한다기보다 그 형상과 주제가 아름답고 유쾌하여 인간들에게 감각적 즐거움을 제공한다는 것이다. 예술에서의 아름다움이라는 감각적 요소를 완전히 배제할 수는 없지만, 에로티시즘 등 그 감각적 요소 자체가 예술의 주안점이 된 경우는 예술사에서 그리 흔치 않다. 아마도 예술의 역사에서 이런 감각적 유희가 예술의 전면에 등장한 예가 로코코(Rococo)가 아닐까 싶다.

로코코란 18세기 프랑스를 중심으로 태동한 귀족 중심의 문화를 말한다. 1715년 절대왕권을 수립한 루이 14세가 서거하고 루이 15세가 등극하자, 루이 14세의 비호를 받던 귀족들이 파리의 다운타운에 모여 자신들만의 고유한 문화를 만든다. 이른바 '살롱 문화'이다. 살롱 문화는 대저택을 소유한 유한마담들이 자신의 응접실을 개방하고 거기서 시인, 학자, 예술가들이 현실과 예술을 토론하고 이야기한 문화를 말한다. 바로 17~18세기 프랑스 상류 사회에서 성행되던 귀족과 문인들의 정기적인 사교 모임으로 이 시기를 장식하는 문화의 유형이다.

로코코라는 말이 프랑스어의 '로까유(Rocaille)', 즉 '조약돌'이라는 말에서 유래했다는 점에서 짐작할 수 있듯, 그 예술 유형은 장엄하고 엄격한 형식의 예술이 아니다. 오히려 막중한 국사나 도덕 및 경제적 부담에서 벗어나 자기네들의 풍류를 노래한 유형이다. '어떻게 하면 보다 아름답고 애틋한 사랑, 모험과 쾌락으로 가득한 사랑을 성취할 것이며 그 사랑을 위해 어떤 찬가를 부를 것인가, 어떻게 하면 보다 즐겁고 향락적이며 육감적 유희에 들뜬 생활을 영위할 것인가'가 그들의 주된 관심사였던 것이다.

따라서 로코코 양식은 이전 시대의 엄격하고 장엄하며 웅장한 양식이라기보다는 세련미나 화려한 유희적 정조를 중심으로 한 섬세하고도 경쾌한 여성적인 이미지이며 어찌 보면 사치스럽고 감각적인 사랑의 찬가에 상응하는 에로티시즘의 예술이라고 볼 수 있다.

사랑의 찬가, 그리고 덧없음

앙트완 바토, 「키테라 섬의 순례」, 1717년, 캔버스에 유화,
129×194cm, 파리 루브르 박물관.

이 그림은 사랑의 찬가라는 주제로 로코코 화풍의 문을 연 앙트완 바토(Jean Antoine Watteau, 1684~1721)의 「키테라 섬의 순례」이다. 이 작품은 당쿠르라는 작가의 『세 명의 사촌 자매』에 나오는 "우리와 함께 키테라 섬에 순례하러 갑시다. 젊은 처녀들은 애인을 얻어 돌아옵니다!"라는 구절에서 영감을 받아 그린 것이다.

키테라 섬은 비너스의 성전이 있는 섬으로 그림 우측으로 비너스의 동상이 보인다. 무료한 삶의 싫증을 달래줄 사랑과 애인을 바라는 마음에서 사람들이 사랑의 여신 비너스에게 화려한 꽃다발을 바쳤다. 석상이 의미하는 영원한 사랑과 장미꽃이 지닌 순간적 아름다움의 대비가 돋보인다. 특히 그 석상 아래에는 검들이 걸려 있는데, 검은 전쟁의 지혜와 승리의 명예를 상징한다. 그러

「키테라 섬의
순례」(부분) 비너스 상.

나 비너스에게 바쳐진 이 검들은 이미 가슴을 파고든 사랑의 열정 앞에서 지혜도 명예도 맥을 추지 못함을 보여주는 것이다.

「키테라 섬의 순례」(부분) 좌측.

그림의 왼편에는 오후 나절 이제 막 도착한 배에서 일군의 사람들이 내리고 있다. 그 남녀들은 섬에 도착하자마자 사랑을 구하느라 흥정을 하는 모습이 물건을 팔기 위해 경쟁하는 시장 이상의 번잡한 분위기를 연출하고 있다. 이들을 이곳으로 인도한 사공들도 재미삼아 사랑의 흥정을 거들고 있다. 이미 사랑을 구한 이들은 팔짱을 낀 채 한나절 보낼 곳을 찾고 있는 모습이다. 바로 닥쳐올 향락의 시간을 기대하면서

「키테라 섬의 순례」(부분)
우측.

말이다.

비너스의 석상 앞 쪽으로는 아침 배를 타고 도착하여 새로 구한 애인들과 함께 즐거운 한나절을 보낸 뒤, 지금 도착한 배로 돌아가기 위해 채비를 차리는 일군의 남녀 모습이 보인다. 서로에게 깍듯한 예의를 차리는 듯한 모습이다. 그러나 그 장면의 오른편으로는 여전히 연애 삼매경에서 벗어나지 못하는 한 쌍이 보인다. 남자는 체통 없이 지팡이까지 내동댕이친 채 사랑을 고백하고 있고, 여인은 주위를 의식한 탓인지 부채로 슬쩍 대답을 주는 모습이다. 그리고 이 화려하고 아름다운 사랑의 찬가를 지휘하는 존재들로서의 위상을 과시하듯 하늘에는 사랑의 신 큐피드의 화신들인 푸토들이 날고 있다. 또한 이들의 애틋한 사랑의 노래가 감미로운 색채들의 조화로운 모습을 통해 표현되었다. 이런 감미로운 연애 감정을 표현한 바토의 화풍을 '페트 갈랑트(Fête galante)', 즉 '연애 축제'라 부른다.

그러나 그림을 자세히 들여다보면 이런 인간들의 경박한 사랑 행위에 이의를 제기하는 요소들이 눈에 띈다. 우선 그림

65

중앙에 일어선 남녀 앞에 강아지 한 마리가 보인다. 맹목적 반가움에 날뛰며 살랑살랑 흔들어 대는 경쾌한 꼬리를 가진 강아지이다. 바로 이 강아지가 이들을 인도하고 있는 것이다. 이 강아지에 의해 인도되는 사랑은 진실한 가치를 지닌 사랑이 아닌 감각적 사랑이며 사랑의 방종일 것이다. 바로 이들의 애정 행각이 심오한 정신적 가치를 지닌 것이 아니라 향락이라는 감각적이며 육체적 만족을 위한 것임을 고발하는 것이다.

또한 전경의 세 쌍 그룹에서 우측 여인의 끝자락에 바지를 벗고 이들을 빤히 바라보는 어린 아이가 있다. 이른바 철부지 바보다. 바지를 내린 것은 세상사의 허영과 가식에 물들지 않아 혼탁한 세상의 오염을 전혀 모르는 순수한 존재라는 표시이며, 이 세상을 가장 맑은 눈으로 바라보는 천진한 존재라는 뜻일 것이다. 이 아이가 이 연인들의 작태를 빤히 쳐다보면서 일시적 욕망을 충족시키기 위한 이들의 부질없는 행동을 고발하고 있으나, 이들은 그의 존재도 의식하지 못하고 어떤 수치심도 느끼지 못하는 것처럼 보인다.

더욱이 이들을 이곳까지 몰고 온 뱃사공, 즉 사랑의 전령사들의 얼굴은 명확하게 묘사되어 있지 않다. 마치 부끄러움에 그 얼굴을 드러낼 수 없어 가면을 쓴 이미지, 혹은 죽음의 이미지인 해골 형상을 하고 있지 않은가? 그림 하단의 어둠에 가린 죽은 나무와 뿌리가 이런 경박한 사랑의 종말을 암시하는 듯하다. 또한 영원한 사랑을 암시하는 비너스의 석상과 오래된 나무들은 이런 인간의 일시적 사랑 행위 앞에서 깊은 침묵으로 일관하고 있다. 그 침묵 속에 가려진 엄중한 경고의 메시지가 감지되지 않는가?

이와 같이 바토는 이 그림에서 형식적으로는 감미롭고 육감적인 사랑의 아름다움을 찬미하는 듯하나, 실제는 진실하지 못한 사랑의 허무함과 덧없음을 고발하면서 인간이 마땅히 행해야 할 행위의 원형이 무엇인가를 간접적으로 시사하고 있는 것이다.

유희와 쾌락

우리는 흔히 사랑의 삼각관계를 말한다. 이는 사랑이 운명이 아니라 우연히 찾아오며 그 우연의 사랑은 모험과 스릴로 가득하다는 것을 말하는 것이다. 그래서 사랑의 신 큐피드는

프라고나르, 「그네」,
1766년, 캔버스 위에 유화,
81×64cm,
런던 월러스 컬렉션.

「그네」 부분.

사랑의 화살을 쏠 때 눈을 가리는 것인지도 모른다. 이런 사랑
의 모험을 인간의 유희 감정에 빗대어 표현한 작품이 프라고
나르(Jean Honoré Fragonard, 1732~1806)의 「그네」로, 당시의
귀족들이 얼마나 감각적인 사랑의 풍류를 즐겼는가를 한 눈에
보여주고 있다.

이 그림은 인간의 세속적 유희와 감각적인 사랑을 세련되
고 리드미컬한 모습과 화려하고 감미로운 색상을 통해 노래하
고 있는데, 무엇보다도 중앙의 아름다운 여인이 우리의 시선
을 잡아끌고 있다. 가슴이 훤히 파이
고 사치스런 꽃과 레이스가 달린 아
름답고 세련된 의상과 꽃무늬의 큰 차
양을 가진 모자가 여인의 감성적인 육
체미를 부각시키고 있다. 화려하고 진
한 분홍색의 옷 색깔이 무척 선정적
이다. 그것이 나무와 나무 사이로 들
어오는 강렬한 햇살에 반사되면서 금

「그네」(부분) 남편.

빛과 뒤엉킨다. 이 귀족적 자태의 여인이 앉아있는 그네의 의자 역시 금빛 수가 정교하게 놓인 세련의 극치를 보이고 있다.

이 여인은 처녀가 아니라 결혼한 여인이다. 그녀의 남편은 지금 그림의 오른편 구석에서 아내의 그네를 밀고 있다. 그는 당시 70세의 나이에 접어든 필립 공작으로 녹내장 중세가 심각한 병약한 모습이다. 그러나 그의 얼굴에 비친 미소와 웃음이 젊은 부인과 함께한 이 시간이 얼마나 행복한가를 보여준다. 이 젊고 아리따운 여인이 왜 나이 들고 병든 귀족과 결혼을 했을까? 바로 세속의 명예와 부 때문이 아니었겠는가?

이 여인은 어느 날 오후 남편에게 정원에 나가 그네를 태워달라고 조른다. 물론 이 여인은 애인 줄리앙에게 바로 이 시간 정원에서 자신을 기다려달라는 메시지를 보낸 터였다. 이런 귀엽고 아양 떠는 아내의 요구를 저버릴 남편이 누가 있겠는가? 남편은 부인과 함께 정원으로 나가 그네를 밀고 당기며 즐거운 한 때를 보내고 있는 것이다. 그러나 그 부인의 젊은 애인은 이 저택의 정원에서 은밀한 밀회를 즐기기 위해 체통도 무시한 채 담을 넘어 온 것이다. 그러나 전혀 예상치도 못하게 애인이 남편과 함께 나타난 것이다. 당황한 나머지 몸을 숙여 나무 밑으로 숨는다. 들켰다가는 그 망신과 봉변을 어이 감당할 것인가?

그녀는 그네에 올라 앞쪽 숲에 숨은 애타는 애인의 모습과 뒤에서 자신을 밀며 주책없을 정도로 즐거워하는 남편의 모습 사이에 있다. 이 얼마나 짜릿한 사랑의 유희이며 모험인가? 남

편과 애인을 왔다 갔다 하는 그네는 마치 사랑의 삼각관계이
자, 지조 없는 사랑의 변덕을 의미하는 것 같다. 이런 사랑의
모험을 즐기는 이 여인의 웃음이 허공을 날며 창공의 화려한
빛과 만나고 있다.

이 대저택에는 견디어온 역사의 세월을 알 수 있는 커다란
나무와 고대의 조각상이 있다. 마치 고대로부터 내려오는 고
전적 전통, 즉 이성과 도덕의 준엄한 규율로 보이는데, 이 여
인은 이런 고대의 전통과 규범을 조롱하는 듯 그 나무에 그
네를 걸고 천박하게 깔깔거리고 있는 것이다. 이런 경관 앞
에서 이성과 도덕은 색이 바랜 채 어둡고 무거운 침묵을 지
킬 뿐이다.

이 순간 애인과의 즐거운 한 때를 기대하며 담을 넘은 청년
줄리앙은 손을 들어서 애인에게 무엇인가를 요구한다. 둘만의
시간을 갖긴 틀렸으니 눈요기나 하자는 듯, 애인의 치마 속이
나 보자는 심보인 것 같다. 여인은 이런 애인의 마음을 아는

「그네」(부분) 애인.

듯 다리를 번쩍 치켜들게 되
고, 그 뻗치는 다리의 힘을
이기지 못한 샌들이 허공을
향해 날고 있다.

우리는 이런 그림에서
예술적 아름다움, 즉 시각
적으로 현란한 아름다움을
만끽한다. 아름다운 여인의

자태, 화려한 색채감 등이 우리의 눈을 즐겁게 해주기 때문이다. 그러나 이 작품은 선정적이고 농기에 가득 찬 그림, 동시에 경쾌하고 에로틱한 매력을 보이는 그림으로 우리의 정신을 감화시키지 못한다. 이런 그림은 우리에게 인간의 숭고한 사유와 도덕적 행위를 이야기하지 못하기 때문이다. 이 그림은 당대 귀족들 사이에서 유행한 퇴폐적이며 경박한 풍류라는 귀족 문화를 직접적으로 표현한 것으로, 이런 문화가 에로티시즘과 연관을 맺는 것은 당연한 일일 것이다. 결국 이런 가증스런 귀족 문화는 프랑스 대혁명이라는 역사상 가장 비극적인 단죄를 받게 된다.

새로운 각성 : 질서를 향하여

1789년 인류의 역사상 가장 중요한 사건이 파리에서 발생한다. 바로 바스티유 감옥 습격사건이다. 성난 민중들이 자신들의 굶주림과 고통의 절규에 귀를 기울이지 않는 왕과 귀족들을 향해 돌을 던진 것이다. 그동안 배고픔에 배를 쥐어짜면서도 소리 한 번 크게 지르지 못한 무지몽매한 민중들이 벌떡 일어난 것이다. 죽음을 불사한 자들이 스스로 국가의 주인임을 천명하면서 역사의 흐름을 하루아침에 바꾼 것이다. 바로 프랑스 대혁명이다.

이 혁명의 정신적 근거를 제공한 것은 바로 '계몽주의'이다. '계몽'이라는 말이 개화와 각성을 의미하듯, '계몽주의'란 일

반 서민들에게 주체성을 확립시킨 사상이다. 이 시민정신을 고취시킨 사상의 중심에는 디드로(Diderot), 루소(Rousseau), 볼테르(Voltaire) 등이 있었다. 바로 이 시대에 타락한 귀족 풍류를 예술의 주된 소재로 삼았던 로코코

「장을 보아온 여인」(부분).

화풍과는 달리 귀족에 의해 억압받는 서민들의 애환과 삶의 정서를 화폭에 표현한 화가들이 있었으니 바로 계몽주의 예술가들이다. 이들 가운데에는 부엌 용구나 채소, 과일, 생선과 담배 기구 등 서민 가정의 견실한 일상생활이나 어린이들의 정경을 따뜻하고 평화롭게 그렸던 장 바티스트 샤르댕(Jean-Baptiste Siméon Chardin, 1699~1779)이 있다.

그가 그린 대표적인 작품이 「장을 보아온 여인」이다. 이 그림은 장에서 막 돌아온 여인을 묘사한 것이다. 그래서 그녀의 손에는 음식 재료로 가득한 장바구니가 들려있다. 가장 아름다운 여체를 표현하는 S자 곡선의 그녀는 결코 화려하지는 않으나 외출을 위해 나름대로 잘 차려입은 모습이다. 그녀의 견고한 신발이나 소매를 걷어 올린 끈이 사치보다는 실용성에 주안점을 두고 일상의 노동을 즐기는 태도를 보여준다. 아름답게 치장하지 않았지만 모든 것이 질서정연하게 존재하는 부엌은 소박하고 검소한 이 여인의 내면세계를 암시한다. 찬장 위에는 꼼꼼하게 표현된 커다란 빵이 두 개 놓여 있다. 이 빵

은 그녀가 식구들을 위해 마련한 것으로, 정성껏 감싸고 있는 태도가 식구들에게 쏟는 그녀의 따뜻한 애정과 세심한 배려를 느끼게 한다. 투박하지만 견고하고 깔끔한 찬장과 그 위에 가지런하게 정돈된 쟁반과 깨끗한 물병을 보면 이 여인이 식구들을 위해 얼마나 헌신적으로 노력하는지 알 수 있다. 특히 찬장에 꽂힌 열쇠는 반드시 있어야 할 그 자리에 있는 것으로 일상생활에 빈틈없는 여인의 성격을 대변하고 있다. 물론 바닥의 쓰러진 물병이 서민의 부엌이 이렇게 질서정연한 것은 아니라는 것을 간접적으로 드러내고 있지만 말이다.

그런데 여인은 장에서 돌아와 그 고단함에도 여전히 무거운 장바구니를 들고 있다. 즉, 이 순간이 그녀에게는 결코 노동 후

◀ 「장을 보아온 여인」(부분).

의 휴식이 아닌 것이다. 그렇다면 이 여인은 지금 무엇을 하는 것인가? 그 해답은 그림 속 인물들의 관계에 나타나 있다.

이 그림 속에는 세 명의 인물들이 등장한다. 부엌 밖의 공간에 한 여인이 있는데, 그 여인은 출입문을 열고 얼굴을 내민 콧수염의 남성과 대면하고는 안으로 발을 들이고 있다. 잘 차려입은 모양이 남자의 초대를 받은 모양이다. 바로 장을 보아오던 여인이 휴식의 시간을 기대하면서 돌아오다가 이들을 목격한 것이다. 그녀가 내심 이 이웃집 남자를 마음에 두었는지 모를 일이다. 그렇다면 질투라는 묘한 녀석이 은근슬쩍 그녀의 마음에서 피어올라 자신을 망각하게 한 것은 아닌가? 아마 이런 순간을 자신이 목격했다는 사실에 놀라고 부끄러워 자신도 모르게 얼른 자기 집으로 발을 옮겼을지도 모른다. 그러고는 두 남녀의 행위에 귀추가 주목되어 있다. 이처럼 정신이 딴 곳에 가 있으니 바구니 무게가 무슨 대수랴!

이 여인에게는 가족이 있다. 그래서 이웃집 남자를 애써 부정하지만 살며시 마음에 두는 것은 어쩔 수 없는 일 아닌가? 그 흠모의 정이 노골적으로 드러나 행동으로 옮겨진다면 인류의 덕을 저버린 추한 행위일 테지만, 이 여인은 스스로를 절제하고 통제하여 자신만의 은밀한 감정으로 간직하고 있는 것이다. 그러나 순간 감추어야 할 그 연모의 정을 누구도 아닌 바로 자신에게 들켰다는 부끄러움에 얼굴에는 홍조가 피어오르고 있다. 그 은밀한 정에 들뜬 모습이 얼마나 아름다운가?

샤르댕은 이렇듯 서민들의 삶의 단편만 보여준 것이 아니라, 그들이 일상에서 겪는 미묘한 감정까지도 표현한 것이다. 바로 이 감정의 표현으로 말미암아 샤르댕의 그림은 서민의 삶이 박제화된 것이 아니라 살아 숨 쉬는 생명으로 가득한 삶이라는 것을 보여주고 있다. 바로 이 감정은 당시 허영과 사치에 들뜬 귀족들이 전혀 주목하지 않았던 것이지만, 샤르댕의 붓을 통해 서민들의 주체성으로 꽃핀 것이다. 바로 이 감정은 당시 귀족들이 보인 경박하고 노골적인 연애 행각과는 달리 이성에 의해 통제되는 지극히 소박하고 아름다운 인간의 내면 감정인 것이다.

이성에서 감성으로

19세기로 들어서면서 서구에서는 '회화가 과연 이성과 합리적 사유의 체계를 통해 고결한 인간 행위 또는 선(善)과 도덕이라는 이상을 추구해야 하는가'에 대한 반성이 인다. 이런 고전적 이상을 위해 예술가들은 눈앞의 현실을 보다 고상하고 웅장하며 유려하게 표현해야 했는데, 과연 이런 이상이 인간과 세계에 어떤 영향을 끼쳤다는 것인가? 관찰과 해부학을 통해 눈으로 본 현실을 세밀한 방식으로 더욱 이상화시켜 표현한다는 것은 결국 그림 자체의 아름다움보다는 그림의 내용, 다시 말해 메시지 전달에 주안점을 둔 것은 아닌가? 이처럼 메시지 전달을 목적으로 그림 속에 이야기의 구조, 즉 내러티브(narrative)를 도입한다는 것은 그림 속에 많은 상징적 요소를 넣고, 관찰자는 이를 발견하고 해독해야 한다는 것을 말하는 것이다. 이 발견과 해독이라는 것은 그림 자체의 아름다움이 아니라 특정한 사람들을 대상으로 한 지적 행위를 우선으로 한 그림의 '산문적' 성격을 앞세운 것이다. 그림을 꼼꼼히 읽고, 그 읽은 결과를 정연하게 매듭지어 그림의 의미를 파악해야 하는 것이다.

그림은 형(形)과 색(色)을 기본 언어로 해서 이루어진 결과물이다. 형태, 즉 그림의 데생은 인간의 이성 활동과 긴밀한 연관이 있다. 형태의 옳고 그름은 우리의 이성에 의해 확실하게 구분이 된다. 잘못 그어진 직선, 비뚤어진 원의 형태는 우리가 금방 식별해내고는 그 잘못됨을 지적하지 않는가?

그림의 또 다른 중요한 언어가 색이다. 그런데 이 색의 세계는 오묘하여 인간의 이성에 의해 명쾌하게 설명이 되지 않는다. 사람에 따라 선호하는 색이 다르며, 좋아하고 싫어하는 색이라도 기분과 환경에 따라 얼마든지 다르게 작용할 수 있다. 색은 인간의 감정과 긴밀한 관계를 맺고 있는 것이다. 이처럼 그림은 이성과 감성의 혼합물이다. 그러나 고전적 이상이라는 목표 앞에서 그림의 감성적 요인이 무시된 것은 아닌가?

그림이 숭고한 사유와 고결한 행위를 표현해야 한다는 구속 없이 예술가가 자유롭게 상상한 것을 진술하게 표현하는 예술, 해부학과 기하학의 제약, 이성의 검열 없이 예술적으로 밖에는 표현될 수 없는 형상을 창조하는 그런 예술의 가능성을 모색한 예술가들이 있다. 바로 인간의 격정적인 감정을 화폭에 담고자 했던 예술가들이다.

고전적 낭만주의? – 시각 현실을 거부한 앵그르(Ingres)

실상 '고전적'이라는 말과 '낭만주의'라는 말은 서로 상반
된 용어이기에 함께 사용하기가 거북하다. '고전적'이라는 말
은 이상적 아름다움을 나타내기 위해 조화와 통일감, 균형과
균제의 미 등 그림의 이성적 속성을 강조하는 경향이며, '낭만
주의'라는 말은 그와 달리 삶과 죽음에 연관된 희로애락 등
인간의 극단적인 감정을 나타내는 경향이기 때문이다. 그러나
앵그르(Jean Auguste Dominique Ingres, 1780~1867)라는 화가를
고전적 낭만주의라 부르는 이유는 그가 서구 회화의 경향을
이성에서 감정의 표현으로 전환시키는 계기를 마련했기 때문
이다. 이제 더 이상 그림은 해부학과 비례법 등을 기반으로 하
는 것이 아니라, 눈에 보이는 대상을 왜곡시키면서 인간의 감
성에 직접 호소하게 된 것이다. 이런 화풍은 메시지 전달을 목
표로 한 '산문적' 경향에서 탈피하여 그림을 바라보는 순간
화가의 의도를 즉각 간파하고 공감하는 '시적' 회화의 경향을
창출한 것이라 할 수 있다.

눈으로 보아 아름다운 것이 예술적 아름다움?

앵그르의 걸작 중 하나가 「그랑드 오달리스크(Grande Odalisque)」

앵그르, 「그랑드 오달리스크」, 1814년. 캔버스 위에 유화. 91×162cm, 파리 루브르 미술관.

이다. 이국풍의 나부가 아름답고 요염한 자태를 하고는 우리를 빤히 쳐다보는 그림으로, 유연한 곡선과 아름다운 피부가 압권이다. '오달리스크'란 터키 황제의 신변에서 시중을 들던 여자 노예를 가리키는 말로, '그랑드 오달리스크'란 곧 '큰 노예'이다. 이 작품은 앵그르가 이탈리아에 체류할 때 나폴리 왕국의 카로리네 여왕의 주문에 의해서 완성한 작품으로, 당시 근동 지방에 뻗친 프랑스의 세력과 함께 세인들의 이목을 끈 터키의 풍물에 대한 관심과 취미가 반영되어 있다.

특히 여체를 비롯해 커튼과 침상의 도구들을 표현한 정밀한 붓 터치와 그림 속 오브제들의 전체적인 조화와 통일감, 그리고 전면으로 비춘 엷은 광선과 함께 빛나는 우아한 여체의 미가 고전주의의 원칙을 철저히 따르고 있는 것으로 보인다. 여인의 머리에서 허리를 거쳐 발끝으로 연결되는 S자, 즉 콘트라포스토의 곡선은 고전미의 대표적인 곡선으로, 이 여인을 더욱 우아하고 아름답게 보이게 하고 있다. 이런 점에서 앵그르는 고전주의 화가로서의 위상을 지니고 있다.

그러나 이 작품이 1819년 파리의 살롱에 출품되었을 때, 엄격한 해부학에 눈이 길들여진 고전적 화풍의 평론가들은 이 작품에 대해 엄청난 비난을 보냈다. 이 그림이 비난을 받은 이유는 그림 속 여인의 신체가 여러모로 왜곡되었기 때문이다.

우선 이 여인을 자세히 살펴보면 유난히 긴 허리가 눈에 띈다. 해부학에 의거하면 이 여인은 정상적인 사람보다 척추가 몇 마디는 더 있어 보인다. 허리와 히프 그리고 허벅지의 경계도 불확실하며, 오른쪽 다리 위에 걸친 왼쪽 다리가 어색하기 그지없다. 발 또한 오른발과 왼발의 위치가 바뀐 것 같다. 그리고 그 길게 휘어진 허리선과 맞물린 팔 또한 대단히 길어 보이며, 몸통과 왼쪽 팔의 관계 또한 어색하다. 평론가들은 앵그르의 스승인 루이 다비드[3]가 지적한 대로 예술적 재능은 있을지 모르지만 소묘실력이 부족한 앵그르를 다시 한 번 확인한 것이다.

그러나 앵그르는 이런 엄격한 해부학과 해부학에 의거한 소묘를 강조하면서 자신의 그림을 비난하는 사람들에게 회화는 해부학의 아름다움을 표현하는 것이 아니며, 눈으로 보아 아름다운 것이 바로 회화의 아름다움이라는 것을 강조한다. 이 말은 회화가 더 이상 대상을 정확하게 재현하는 해부학, 즉 엄정하고 정밀한 과학을 추구하는 것이 아니라 순수 예술적 아름다움을 추구해야 한다는 것을 말한다. 순수 예술적 아름다움이란 대상을 완벽하게 재현하는 것이 아니라 예술가의 감각과 의지에 따라 가공할 수 있음을 말하는 것이며, 이는 곧 예술의 아름다움이 조형, 즉 선과 색에 있음을 주시한 것이다. 달리 말해 앵그르는 화가란 현상의 합리적 재현에 얽매이지 않고 예술이라는 이름으로 그 조형의 아름다움을 추구할 수 있는 자유와 권리가 있다는 것을 천명한 것이다.

이렇게 본다면 「그랑드 오달리스크」는 해부학을 고의로 왜곡시켜 가면서 허리와 팔의 긴 선을 통해 유려한 여인의 본질을 표현한 것이며, 팽팽한 양감은 고운 여인의 피부 감촉을 나타내기 위한 것으로 볼 수 있다. 이런 여인은 해부학적으로는 불가능하지만 예술적으로는 얼마든지 가능한 형상이며, 예술적으로밖에는 존재할 수 없는 형상인 것이다. 바로 눈으로 보아 아름다운 형상이 진정 예술적 아름다움이라는 앵그르의 말이 실감나는 모습인 것이다.

이처럼 예술가가 보고 느끼는 자율 의지에 따라 형상을 창조할 수 있음은 예술 창작의 관례를 거부하는 것으로, 도덕적 교훈과 메시지를 위해 완전하고 지고한 미를 창출했던 과거의 예술, 즉 고전주의와는 다른 예술의 시대인 낭만주의 시대가 도래했다는 것을 알리는 것이다. 그 새로운 화풍을 촉발시킨 주역이 바로 앵그르라는 점에서 그를 고전적 낭만주의로 부르는 것이다.

제리코의 「메두사의 뗏목」

프랑스 대혁명 이후 19세기에 들어서면서 서구 예술은 아름다운 형식을 통해 따뜻하고 고상한 인간성을 표현한다는 고전적 이상을 포기하고 삶 속에서 인간이 갖는 극단적인 감정, 즉 기쁨과 환희, 사랑과 애증, 죽음, 고통, 광기, 자살과 연관된 인간 행위를 여과 없이 표현하게 된다. 이와 같은 경향이 바로 '낭만주의'인데, 그 선구자로 흔히 프랑스의 테오도르 제리코(Théodore Géricault, 1791~1824)를 들 수 있다. 그의 대표작으로 「메두사의 뗏목」을 꼽는다.

1816년 여름, 프랑스는 아프리카에 식민지를 개척할 목적으로 거대한 군함을 대서양에 띄운다. 그 배에는 군인과 세네

제리코, 「메두사의 뗏목」, 1819년, 캔버스에 유화, 491×716cm,
파리 루브르 박물관.

갈 정착민, 그리고 행정가 등이 타고 있었다. 당시 식민지 개척은 막대한 부를 보장받는 것이기에 황금과 모험에 눈먼 사람들이 이 현장에 참여하고자 했으며, 결국 자신의 이익을 위해 돈으로 관료를 매수하는 사태가 발생한다. 이 작품의 발단이 된 사건 역시 그 부패와 연관된 것인데, 25년간 배를 탄 적이 없는 퇴역 장성 뒤 쇼마레(Du Chaumareys)라는 인물이 뇌물을 주고 이 군함의 함장 자리를 샀던 것이다.

1816년 7월 2일 오후, 함장의 미숙함과 무능함은 곧 파멸로 이어졌다. 배가 항해 중 암초에 걸려 침몰하게 된 것이다. 이 배에 타고 있던 4백여 명의 인원 중 고위 관료를 비롯해 절반은 6개의 구명정에 나누어 타고 목숨을 구했으나, 살아남은 나머지 1백 49명은 배의 잔해로 뗏목을 급히 만들어 몸을 싣게 된다.

이 뗏목에는 마실 것도 먹을 것도, 또 방향을 잡을 키도 없이 15일 동안이나 무작정 바다를 떠다니게 된다. 7월 11일 이 뗏목의 생존자는 15명으로 줄어든다. 갈증과 질병으로 모두 물귀신이 되었다. 시체들은 태양열에 바짝 타들어가고 있었을 것이며 심하게 역한 냄새를 품어내고 있었을 것이다. 살아있다 한들 주림과 갈증으로 해골처럼 야윈 얼굴이었을 것이며, 피부는 더러움으로 오염되었을 것이다. 보다 견딜 수 없는 일은 옆의 동료가 언제 살인마로 둔갑하여 자신의 머리에 도끼를 들이댈지 모르는 죽음의 공포다. 굶주림과 갈증을 이기지 못해 동료의 인육과 피를 입에 넣었다는 현장이 바로 여기였기에 말이다. 망망대해를 떠다니는 이 작고 초라한 공간은 살인과 죽음의 공포로 인해 도덕과 선이 지배하는 인간의 세상이 아니었던 것이다.

7월 17일, 표류 15일째 이들은 같이 출항했던 아르귀스호에 의해 극적으로 구조된다. 살아남은 이들은 모두 10명이지만 그들 모두 그 두려웠던 시간의 충격을 이기지 못해 정신이상 증세를 보였다.

이 사건이 당시 언론을 통해 일제히 보도된 후의 사회적 경악과 충격은 실로 대단한 것이었다. 이기심과 사리사욕에 눈이 멀어 정부의 관료를 돈으로 매수한 사회적 부패가 어떤 결과를 초래한 것인가? 무고한 사람들을 대상으로 한 집단 학살 행위와 다를 것이 무엇인가? 국가와 정부는 더 이상 합리·합법적 행위와 이상적 자유주의를 실현한다는 숭고한 사명을 지니지 않은 것 같다.

제리코는 이런 비참하고 암담한 상황을 그리기 위해 생존자들을 찾아가 증언을 듣는다. 그리고는 삶에 대한 인간의 본능이 가장 강하게 움직이는 순간을 포착하여 화폭에 담았다. 삶에 대한 아무런 희망도 없이 그저 뜨거운 열기의 바다를 떠다니다 느닷없이 배를 발견하고는 새로운 삶의 희망이 용솟음치는 급박한 순간, 죽음의 절망에서 삶의 희망이라는 새로운 환희의 감정을 안게 된 순간을 그린 것이다.

뗏목의 좌측과 전경에는 시체들이 있다. 중앙의 시체는 바다에 떠밀려가야 하는데 다리가 나무 사이에 끼었다. 그래서 바다로 떠내려가지 못한 채 상체가 바닷물에 잠겨 퉁퉁 불어 부유하고 있는 것이다. 이 자가 입고 있던 옷은 뒤로 뒤집혀지고 얼굴은 바다에 잠겨 인물의 형체를 알아볼 수 없다. 그림 좌측을 보면 건장한 육체를 가진 자의 하반신이 뗏목사이로 빠져 물에 잠긴 채 죽어 끌려 다니고 있다. 처참한 죽음이다. 뗏목 우측의 노인을 보면 삶의 희망을 부르짖는 젊은이들의 외침과는 상관없이 죽은 아들의 시체가 떠내려가지 못하도록 자신의 다리에 올려놓은 채 망연자실한 표정이다.

그 노인의 왼쪽으로는 어떤 사람이 앞으로 넘어져 고꾸라져 있고, 술통 옆에서 나뒹굴고 있는 사람이 있는가 하면, 삶에 대한 새로운 희망을 부르짖는 동료들의 외침 소리에 몸을 가누며 소리가 나는 곳을 향해 몸을 드는 사람들도 있다. 그리고 뗏목 가운데에는 피 묻은 도끼가 보이는데, 바로 이 도끼가 굶주림과 갈증을 이기지 못해 동료를 살해했던 도끼이다.

그리고 돛 쪽을 보면 여러 사람이 모여 있고, 그 중 한 사람이 뒤를 돌아보며 희망찬 외침을 하고 있다. 가운데의 사람은 두 손을 모아 하느님께 구원에 대한 감사 기도를 드리는 모습이다. 돛의 뒤쪽에는 검고 큰 파도가 밀려오고 있다. 이는 그 하늘의 모습과 더불어 죽음의 상징이다. 그러나 그림의 우측에는 파도도 없고 하늘도 검지 않다. 구도상 이 그림이 죽음에서 삶으로 전이되는 인간들의 운명을 보여주고 있는 것이다. 그리고 인간의 운명이 이처럼 항상 불안하고 공포로 가득한 것은 아니라는 사실을 안정된 삼각형 구도를 통해 암시하고 있다.

　이처럼 제리코는 기독교의 윤리와 이성을 저버린 반인륜적인 사건을 재현하면서 인간의 실존을 다시금 재고하는 계기를 마련하였다. 그리고 궁극적으로는 비참하고 잔혹한 현실을 고발하기보다는 인간에 대한 긍정적이고 낙관적인 희망의 메시지를 전하고 있는 것이다. 이 그림은 화단에 '낭만주의 격정'을 불러일으킨 역사적인 작품이다.

고야의 「1808년 5월 3일의 학살」

　1808년 프랑스의 나폴레옹은 막강한 군대를 이끌고 스페인을 침략, 지배하에 들어간다. 당시 스페인 사람들은 이들 군대가 부패한 왕정을 쇄신시킬 것이라는 희망에서 이들을 반겼으나, 프랑스군들의 행위는 이들의 기대와는 다른 야만적 행위 바로 그것이었다.

　프란시스 고야(Francis Goya, 1746~1828)는 서구의 낭만주의를 대표하는 18세기 가장 위대한 스페인의 화가이다. 낭만주의란 인간의 감성적 인식과 느낌을 아무런 제약 없이 그대로 묘사하는 예술 경향으로, 주로 인간의 애틋한 사랑에서부터 전쟁과 학살에 이르는 '상식'의 범주를 넘나드는 인간의 행위를 주제로 삼는다. 고야는 나폴레옹 군대가 자국민들에게 저지른 동물적 만행을 이런 낭만주의의 필치를 통해 고발하고 있는데, 그 참상을 기록한 대표작이 바로 「1808년 5월 3일의

프란시스 고야, 「1808년 5월 3일의 학살」,
1814년, 캔버스에 유화, 266×345cm, 마드리드 프라도 미술관.

학살」이다.

1808년 5월 2일 마드리드 시민들은 봉기를 일으켜 나폴레
옹 군대에 대항하는데, 이에 대한 보복으로 프랑스군은 그 다
음날 반란자들을 비롯한 많은 구경꾼들을 무자비하게 처형한
다. 이 그림은 이때 프랑스군이 자행한 야만적인 대량 학살 장
면을 묘사한 것으로, 지금 죽어야 하는 운명의 자들은 대부분
당시 광장의 단순 구경꾼들이다. 주로 힘없는 늙은이나 병약
자, 어린이들 말이다. 정말 아무런 대가도 가치도 없는 무고한
희생이다.

이 그림을 보면 등을 돌린 몇몇 병사가 총부리를 겨누고는
무수히 많은 무고한 양민들에게 죽임을 가하고 있다. 처형하
는 자들의 살인에 대한 무감각함과 처형당하는 자들의 무서움

「1808년 5월 3일의 학살」(부분)
프랑스군들.

에 질린 공포가 눈에 확연히 들어온다.

등을 돌린 채 마치 해충처럼 서로 얽혀 처형을 감행하는 자들이 나폴레옹군으로 이른바 살인 기계들이다. 이들은 긴 칼로 무장하고 가죽 코트에 침낭을 메고 있으며 자신들의 총에 날카로운 단검을 장착해 자신들의 무력을 과시하고 있다. 이들은 자신들의 무자비한 맹목적 행위가 어떤 심판을 받을 것인지 전혀 의식하지 못한 채 살인을 반성 없는 일종의 유희로 생각하는 것 같다. 이들의 행위가 얼마나 명분이 없으면 부끄러움으로 얼굴조차 드러내지 못한단 말인가? 이른바 이름 없는 존재가 역사에 가하는 익명의 무책임한 상처요, 오점이다.

이들의 총부리에 죽임을 당하는 자들은 그들이 왜 죽어야 하는지 이유를 전혀 알지 못하는 가난하고 무지몽매한 존재들이다. 현재 시각 새벽 4시. 칠흑의 어둠 속에서 이미 죽임을 당한 자들이 얼마인가? 그리고 앞으로도 죽어야 할 자들이 얼마나 되는지 어둠을 가로지른 긴 행렬이 보여주고 있다.

이런 부질없는 죽음을 가로막을 수 있는 희망의 상징은 교회와 정부이다. 그림의 어둠 속에 희미한 관청과 교회는 바로 리리아 궁전과 산 조아킨 수도원이다. 그러나 이 불쌍한 사람들에게 아무런 도움이 되기는커녕 짙은 어둠 속에서 무거운 침묵만을 지키고 있을 뿐이다.

회화에 있어 이런 거역할 수 없는 절대 악, 그 운명 앞에서 나타나는 희망의 상징은 빛으로 묘사된다. 그러나 이 그림에서는 그 빛조차 랜턴 빛이다. 이 빛은 하느님의 창조적인 빛이 아니라 인공적인 빛으로, 오히려 학살을 자행하는 수단으로 이용되고 있다. 아무런 희망의 줄기도 보이지 않는 지극히 암울한 순간이다.

이런 상황에서 그 랜턴 빛에 반사된 얼굴에 우리의 시선이 고정된다. 놀람, 경악, 공포의 얼굴. 두 팔을 크게 벌린 채 알지 못할 죽음을 받아들여야 하는 자의 순진한 큰 눈망울과 죽음을 앞둔 두려운 시선이 우리의 심금을 울린다. 그 옆, 머리 모양으로 보아 성 프란체스코회의 수사임에 틀림없는 자가 이 죽음의 의미와 가치가 무엇인지를 절규하듯 두 주먹을 불끈 쥐고 있다. 마치 "하느님, 도대체 어디에 계시나이까? 지금 이들은 왜 죽어야 합니까?"라고 따져 묻는 것 같다. 인간은 과연 얼마만큼 잔인할 수 있는가? 이런 죽음을 위해 우리는 이 세상에 왔는가? 어떻게 해야만 인간은 그 본성을 회복할 것인가?

그러나 이 죽음이 결코 아무런 가치가 없는 것은 아니다. 두 팔을 크게 벌린 인물의 손바닥을 보라. 움푹 팬 것이 못 자

「1808년 5월 3일의 학살」(부분)
죽어야 할 운명과 손의 이미지.

국이 분명하다. 이는 벌린 두 팔과 함께 십자가에 매달려 처형된 그리스도를 연상케 하며, 아래에 이미 피를 흘리며 엎어진 시신 역시 십자가에 매달려 처형된 듯한 모습을 그대로 반영하고 있다. 바로 '근대의 십자가 처형'이다.

따라서 이 무자비한 학살의 희생자와 그리스도의 처형 간에는 어떤 유사점이 있는 것 같다. 고야는 이 야만적인 인간 행위의 악과 패덕을 극복할 수 있는 대안을 인간 자신에게 전혀 기대할 수 없음을, 오히려 하느님께 의탁하면서 내가 행하는 지금의 행위가 다른 사람에게 해가 되지 않기를 기도해야 한다는 것을 암시하지는 않는가?

이런 죽음을 맞은 이름 없는 무고한 자들은 실제 독재와 인간의 야만성에 항거한 사람들로, 따뜻한 인정과 평화로 건설될 세상의 밑거름이 되는 영웅적 희생자임을 이 그림 속에서 볼 수 있는 것이다. 인간이 인간에게 행하는 잔인하고 야만적인 행위 앞에서 인간에게 사랑을 가르치고 실천한 그리스도의 의미를 되찾자는 고야의 고매한 이상이 그림 속에 보이지 않는가?

향후의 예술

지금까지 우리는 미술이 지닌 다양한 이야기 구조를 살펴보았다. 인간의 이성, 신의 메시지, 죽음에 투영된 부질없는 삶, 향락의 본능과 절제, 그리고 인간 감정이라는 주제가 그것이었다.

인간 이성의 표현이라는 것은 인간이 관찰한 세계를 더욱 완전하게 나타내려는 인간의 조형 의지를 말한다. 따라서 그 이상적 아름다움을 표현하기 위해 해부학과 비례법은 물론이요, 원근법과 명암법 등의 기법을 개발하는 등 인간의 이성 활동에 의존하였던 것이다.

반면, 신의 메시지를 그림을 통해 표현하는 경우에는 사실성을 그다지 중시하지 않는다. 사실성을 중시하지 않는다는 것은 예술이 시각적 아름다움을 목적으로 하는 것이 아니라, 하느님의 메시지 전달을 진정한 목적으로 삼고 있음을 말한다. 따라서 이런 경향의 미술은 비례법과 해부학 등 시각적 요소보다는 하느님의 섭리라는 보편성을 추구한다.

세상을 살아가는 모든 인간은 욕망을 가지고 있다. 그 욕망은 사랑, 재산, 명예 등 현실과 세속에서의 욕망이다. 이런 인간의 욕망이 제어되지 않는다면 세상은 더욱 각박한 상황에

처할 것이며, 그럼으로써 대부분 인간의 삶은 더욱 피폐해질 것이다. 이런 세상에서의 허영과 욕망의 부질없음, 즉 바니타스를 주제로 한 작품들이 있다. 바로 죽음 앞에서 세상의 허영이 뭐가 그리 대단한가를 깨우치고, 사람들에게 이타적인 삶을 살도록 권하는 메시지의 그림이다.

그럼에도 인간은 죽음을 통한 세속의 헛됨을 일깨우지 못한다. 그런 절제하고 제어하지 못하는 인간의 욕망과 허영을 그대로 반영하는 그림이 있고, 그와는 달리 소박한 자연에 순응하는 순박한 인간의 원형을 보여주는 그림들도 있다. 이런 상반된 유형의 작품은 색깔과 형태에 있어 상당한 차이를 보이게 된다. 화려한 색과 현란한 데생, 절제된 색과 소박한 형상의 차이가 그것이다.

경우에 따라서는 인간들이 삶을 통해 겪는 사랑과 증오, 기쁨과 슬픔, 환희와 노여움 등의 감정을 그대로 그림을 통해 전달하기도 한다. 이른바 낭만주의라는 화풍이다. 특히 이런 주제의 작품은 작가의 무한한 상상력을 기반으로 하기에 경험하지 않은 현실이나 먼 이국의 정취 등이 작품의 주제로 등장하면서 사람들의 정서와 감정에 호소하게 된다.

이런 다양한 주제와 이야기를 전하는 그림은 20세기에 들어서면서 많은 변화를 겪게 된다. 일군의 예술가들이 예술의 진실이 무엇인가를 새롭게 생각하기 시작한 것이다. 전위 예술이라 불리는 이들은 회화의 생명이 색채와 형태에 있다고 보았다. 그러나 관례적으로 어떤 이야기 구조(narrative)를 가진 예술의 경우에는 색과 형태가 그 이야기를 전달하기 위한 수단으로 사용되었다. 이는 회화가 그간 이야기, 즉 문학을 위한 도구에 지나지 않았음을 말하는 것이다. 그래서 일군의 현대 예술가들이 회화에서 이야기를 배제하면서 회화의 본질을 회복하고자 한 것이다. 회화에서 이야기를 배제한다는 것은 색과 형태라는 회화 고유의 언어가 주가 되어야 한다는 것을 의미한다.

그러나 회화에 있어 색과 형태 가운데 색에 더 큰 비중을 둔다는 것은 당연한 일이다. 음악의 언어가 음표이고 시의 언어가 문자이듯이 회화의 언어는 색이 아닌가? 그렇기에 전위 예술가들에게는 색이 우선이며 형태란 그 색을 온전히 드러내기 위한 부차적인 역할을 수행하는 것이다. 메시지 중심의 회화에서는 완전한 형태가 우선되며 색은 그 형태를 사실적인 이미지로 꾸미는 부차적인 역할을 했는데, 이제 그 구도가 바뀐 것이다. 즉, 회화에서의 형태란 우리가 경험한 시각 현실을 드러낸 것이라기보다 색의 어우러짐을 통해 드러나는 모습을 의미하게 된 것이다. 그렇기에 이런 회화에서는 형태가 구상적이지 않고 왜곡된 형상을 취하는 것이다. 이것이 바로 추상화이며, 그 길을 연 사람들이 야수파나 입체파에 속하는 예술가들이다.

이런 전위 예술가들이 일군 성과를 '제2의 르네상스'라 한다. 16세기 르네상스가 원근법과 명암법을 통해 예술가들의 염원인 3차원의 입체 영상을 2차원의 평면에 완전하게 옮기는 시각적 리얼리즘을 이룩한 것은 서구 예술에 있어 대단한 성과이다. 이른바 '사생'이라는 서구예술의 전통을 이룩한 것이다. 이 시각적 리얼리즘과 함께 회화는 문학의 도구가 되었던 것이다.

그러나 500년이 지나 새로운 시대의 새로운 예술가들은 이런 르네상스가 구축한 시각적 리얼리즘의 세계를 거부하면서 관념적 리얼리즘을 구축하게 된다. 눈으로 본 것이 아니라 대상에 대해 생각한 것을 화폭에 옮기는 것으로, 색채는 비사실적인 것이 되며 형태는 왜곡된다. 이런 새로운 전통이 '제2의 르네상스'인 것이다. 과거와는 다른 예술의 시도가 현재에도 다양하게 실시되고 있으며, 단일한 메시지가 사라진 현대 회화는 회화 그 자체의 의미를 마음껏 드러내고 있다.

주

1) 중세는 흔히 암흑기라 불린다. 이는 이 시기가 신 중심 사회로 인간과 인문 사상이 말살되었기에 불리는 말이다. 특히 중세를 고딕(Gothic)이나 반달리즘(Vandalism)으로 부르는데, 이는 찬연한 인간문명을 이룩한 로마 문명을 맹목적으로 몰락시킨 오랑캐 족인 고트족이나 반달족의 이름을 따서 명명한 것이다. 중세의 문화를 '야만'이라는 말로 부르는 이유가 여기에 있다.

2) 르네상스 조각의 개척자로 알려진 도나텔로(Donatello, 1386~1466)의 다윗상은 어린 소년의 모습으로 골리앗의 머리를 밟고 깊은 사색에 잠긴 형상이며, 베로키오(Verrocchio, 1435~1488)의 다윗상은 완전한 콘트라포스토를 보이는 르네상스의 균형미가 살아있는 형상이다. 바로크 시대의 베르니니(Bernini, 1598~1680)가 만든 다윗상은 돌을 던지려는 순간을 포착한 형상인데 바로크의 걸작답게 운동감이 잘 표현되어 있다.

3) 쟈크 루이 다비드(Jacques Louis David, 1748~1825)는 앵그르와 더불어 신고전주의의 대표 화가이다. 자코뱅당 당원으로서 프랑스 혁명 운동에 적극 참여하였으며, 나폴레옹의 궁정 화가가 되어「마라의 죽음」과「나폴레옹의 대관식」등 영웅을 찬탄한 일련의 작품을 제작하였다. 그의 역사화는 훌륭한 구도와 견고한 수법을 보여준 반면 인물의 표정이 냉정하여 정감이 결여되었다는 평이 있다.

테마로 보는 서양미술

펴낸날	초판 1쇄 2005년 4월 10일
	초판 6쇄 2014년 1월 20일

지은이	권용준
펴낸이	심만수
펴낸곳	(주)살림출판사
출판등록	1989년 11월 1일 제9-210호

주소	경기도 파주시 문발동 522-1
전화	031-955-1350 팩스 031-624-1356
기획·편집	031-955-4662
홈페이지	http://www.sallimbooks.com
이메일	book@sallimbooks.com

ISBN	978-89-522-0361-8 04080

054 재즈

eBook

최규용(재즈평론가)

즉흥연주의 대명사, 재즈의 종류와 그 변천사를 한눈에 알 수 있도록 소개한 책. 재즈만이 가지고 있는 매력과 음악을 소개한다. 특히 초기부터 현재까지 재즈의 사조에 따라 변화한 즉흥연주를 중심으로 풍부한 비유를 동원하여 서술했기 때문에 재즈의 역사와 다양한 사조의 특징을 쉽게 이해할 수 있다.

255 비틀스

eBook

고영탁(대중음악평론가)

음악 하나로 세상을 정복한 불세출의 록 밴드. 20세기에 가장 큰 충격과 영향을 준 스타 중의 스타! 비틀스는 사람들에게 꿈을 주었고, 많은 젊은이들의 인생을 바꾸었다. 그래서인지 해체한 지 40년이 넘은 지금도 그들은 지구촌 음악팬들의 많은 사랑을 받고 있다. 비틀스의 성장과 발전 모습은 어떠했나? 또 그러한 변동과정은 비틀스 자신들에게 어떤 의미였나?

422 롤링 스톤즈

eBook

김기범(영상 및 정보 기술원)

전설의 록 밴드 '롤링 스톤즈'. 그들의 몸짓 하나하나는 우리가 생각하는 것보다 훨씬 더 탁월한 수준의 음악적 깊이, 전통과 핵심에 충실하려고 애쓴 몸부림의 흔적들이 존재한다. 저자는 '롤링 스톤즈'가 50년 동안 추구해 온 '진짜'의 실체에 다가가기 위해 애쓴다. 결성 50주년을 맞은 지금도 구르기(rolling)를 계속하게 하는 힘. 이 책은 그 '힘'에 관한 이야기다.

127 안토니 가우디 아름다움을 건축한 수도사

eBook

손세관(중앙대 건축공학과 교수)

스페인의 세계적인 건축가 가우디의 삶과 건축세계를 소개하는 책. 어느 양식에도 속할 수 없는 독특한 건축세계를 구축하고 자연과 너무나 닮아 있는 건축가 가우디. 이 책은 우리에게 건축물의 설계가 아닌, 아름다움 자체를 건축한 한 명의 수도자를 만나게 해준다.

131 안도 다다오 건축의 누드작가

eBook

임재진(홍익대 건축공학과 교수)

일본이 낳은 불세출의 건축가 안도 다다오! 프로복서와 고졸학력, 독학으로 최고의 건축가 반열에 오른 그의 삶과 건축, 건축철학에 대해 다뤘다. 미를 창조하는 시인, 인간을 감동시키는 휴머니즘, 동양사상과 서양사상의 가치를 조화롭게 빚어낼 줄 아는 건축가 등 그를 따라다니는 수식어의 연원을 밝혀 본다.

207 한옥

eBook

박명덕(동양공전 건축학과 교수)

한옥의 효율성과 과학성을 면밀히 연구하고 있는 책. 한옥은 주위의 경관요소를 거르지 않는 곳에 짓되 그곳에서 나오는 재료를 사용하여 그곳의 지세에 맞도록 지었다. 저자는 한옥에서 대들보나 서까래를 쓸 때에도 인공을 가하지 않는 재료를 사용하여 언뜻 보기에는 완결미가 부족한 듯하지만 실제는 그 이상의 치밀함이 들어 있다고 말한다.

114 그리스 미술 이야기

eBook

노성두(이화여대 책임연구원)

서양 미술의 기원을 추적하다 보면 반드시 도달하게 되는 출발점인 그리스의 미술. 이 책은 바로 우리 시대의 탁월한 이야기꾼인 미술사학자 노성두가 그리스 미술에 얽힌 다양한 이야기를 재미있게 풀어놓은 이야기보따리이다. 미술의 사회적 배경과 이론적 뿌리를 더듬어 감상과 해석의 실마리에 접근하는 또 다른 시각을 제공하는 책.

382 이슬람 예술

eBook

전완경(부산외대 아랍어과 교수)

이슬람 예술은 중국을 제외하고 가장 긴 역사를 지닌 전 세계에 가장 널리 분포된 예술이 세계적인 예술이다. 이 책은 이슬람 예술을 장르별, 시대별로 다룬 입문서로 이슬람 문명의 기반이 된 페르시아·지중해·인도·중국 등의 문명과 이슬람교가 융합하여 미술, 건축, 음악이라는 분야에서 어떻게 표현되었는지 설명한다.

417 20세기의 위대한 지휘자　eBook

김문경(변리사)

뜨거운 삶과 음악을 동시에 끌어안았던 위대한 지휘자들 중 스무 명을 엄선해 그들의 음악관과 스타일, 성장과정을 재조명한 책. 전문 음악칼럼니스트인 저자의 추천음반이 함께 수록되어 있어 클래식 길잡이로서의 역할도 톡톡히 한다. 특히 각 지휘자들의 감각 있고 개성 있는 해석 스타일을 묘사한 부분은 이 책의 백미다.

164 영화음악 불멸의 사운드트랙 이야기　eBook

박신영(프리랜서 작가)

영화음악 감상에 필요한 기초 지식, 불멸의 영화음악, 자신만의 세계를 인정받는 영화음악인들에 대한 이야기를 담았다. 〈시네마천국〉〈사운드 오브 뮤직〉 같은 고전은 물론, 〈아멜리에〉〈봄날은 간다〉〈카우보이 비밥〉 등 숨겨진 보석 같은 영화음악도 소개한다. 조성우, 엔니오 모리꼬네, 대니 앨프먼 등 거장들의 음악세계도 엿볼 수 있다.

440 발레　eBook

김도윤(프리랜서 통번역가)

〈로미오와 줄리엣〉과 〈잠자는 숲속의 미녀〉는 발레 무대에 흔히 오르는 작품 중 하나다. 그런데 왜 '발레'라는 장르만 생소하게 느껴지는 것일까? 저자는 그 배경에 '고급예술'이라는 오해, 난해한 공연 장르라는 선입견이 존재한다고 지적한다. 저자는 일단 발레라는 예술 장르가 주는 감동의 깊이를 경험하기 위해 문 밖을 나서길 원한다.

194 미야자키 하야오　eBook

김윤아(건국대 강사)

미야자키 하야오의 최근 대표작을 통해 일본의 신화와 그 이면을 소개한 책. 〈원령공주〉〈센과 치히로의 행방불명〉〈하울의 움직이는 성〉이 사랑받은 이유는 이 작품들이 가장 보편적이면서도 가장 일본적인 신화이기 때문이다. 신화의 세계를 미야자키 하야오의 작품과 다양한 측면으로 연결시키면서 그의 작품세계의 특성을 밝힌다.

eBook 표시가 되어있는 도서는 전자책으로 구매가 가능합니다.

019 애니메이션의 장르와 역사 | 이용배 eBook
043 캐리커처의 역사 | 박창석
044 한국 액션영화 | 오승욱 eBook
045 한국 문예영화 이야기 | 김남석 eBook
046 포켓몬 마스터 되기 | 김윤아 eBook
054 재즈 | 최규용 eBook
055 뉴에이지 음악 | 양한수 eBook
063 중국영화 이야기 | 임대근
064 경극 | 송철규 eBook
091 세기의 사랑 이야기 | 안재필 eBook
092 반연극의 계보와 미학 | 임준서 eBook
093 한국의 연출가들 | 김남석 eBook
094 동아시아의 공연예술 | 서연호 eBook
095 사이코드라마 | 김정일
114 그리스 미술 이야기 | 노성두 eBook
120 장르 만화의 세계 | 박인하 eBook
127 안토니 가우디 | 손세관 eBook
128 프랭크 로이드 라이트 | 서수경 eBook
129 프랭크 게리 | 이일형
130 리차드 마이어 | 이성훈 eBook
131 안도 다다오 | 임채진 eBook
148 위대한 힙합 아티스트 | 김정훈
149 살사 | 최명호
162 서양 배우의 역사 | 김정수
163 20세기의 위대한 연극인들 | 김미혜
164 영화음악 | 박신영 eBook
165 한국독립영화 | 김수남
166 영화와 샤머니즘 | 이종승
167 영화로 보는 불륜의 사회학 | 황혜진 eBook
176 테마로 보는 서양미술 | 권용준 eBook

194 미야자키 하야오 | 김윤아 eBook
195 애니메이션으로 보는 일본 | 박규태 eBook
203 영화로 보는 태평양전쟁 | 이동훈 eBook
204 소리의 문화사 | 김토일 eBook
205 극장의 역사 | 임종엽 eBook
206 뮤지엄건축 | 서상우 eBook
207 한옥 | 박명덕 eBook
208 한국만화사 산책 | 손상익
209 만화 속 백수 이야기 | 김성훈
210 코믹스 만화의 세계 | 박석환
211 북한만화의 이해 | 김성훈 · 박소현
212 북한 애니메이션 | 이대연 · 김경임
213 만화로 보는 미국 | 김기홍 eBook
255 비틀스 | 고영탁
270 르 코르뷔지에 | 이관석
313 탱고 | 배수경
314 미술경매 이야기 | 이규현
347 플라멩코 | 최명호
381 상송 | 전금주
382 이슬람 예술 | 전완경 eBook
387 루이스 칸 | 김낙중 · 정태용 eBook
388 톰 웨이츠 | 신주현 eBook
416 20세기를 빛낸 극작가 20인 | 백승무 eBook
417 20세기의 위대한 지휘자 | 김문경 eBook
418 20세기의 위대한 피아니스트 | 노태헌 eBook
419 뮤지컬의 이해 | 이동섭 eBook
422 롤링 스톤즈 | 김기범 eBook
440 에로스의 예술, 발레 | 김도윤 eBook
451 동랑 유치진 | 백형찬 eBook
460 영화로 보는 로큰롤 | 김기범 eBook

㈜살림출판사
www.sallimbooks.com
주소 경기도 파주시 문발동 522-1 | 전화 031-955-1350 | 팩스 031-955-1355